信仰万華鏡《カレイドスコープ》

――カトリック時代エッセー――

川村信三 著

サンパウロ

はじめに

二〇二三年四月一日、大学で久しぶりの対面入学式があった。新型コロナ感染症の自粛で高校生活をリモート授業に費やし、友情を深める機会も少なく、高校生活を大きく変えられた青年たちが一堂に会した。コロナ以前の新入生の表情とは明らかに違う時代の変化を感じた。思えば二〇一九年の晩秋、教皇フランシスコの来日に、カトリック教会はもとより、多くの日本人が歓迎ムードとなったあの頃、このような未来がすぐそこにあると誰が想像できただろうか。

折しも、令和改元の新時代到来となり、「東京オリンピック２０２０」の準備に皆が心を躍らせ、どのような輝かしい未来がやって来るのか、大きな期待に胸を膨らませていた矢先のこと。何もかもが悪夢のように通り過ぎていった。

二〇二二年の二月、感染症による混乱がようやく回復の兆しを見せ始めた頃、今度は世界を巻き込む戦争の知らせが舞い込んだ。この戦争のあおりで物価が高騰し、日々の生活に大きな影を落としている。

また、さまざまな困難、例えば航空機でのヨーロッパ渡航が感染症対策としてしばらく中断した後、今度は戦争当事国の領空を横切ることができなくなり、北極と中央アジアを横断する迂回路を強いられるなどの混乱が続いている。遠い世界の出来事も全世界の問題、そして一人ひとりの生活に直結している現代である。

時代は急変した。昭和から令和に移り変わる時期を、後の歴史家は「混乱」というイメージを前面に押し出して叙述するに違いない。そうした混乱の日々、刻々と変化する世界情勢の中、自粛中の自室でパソコンの画面を凝視しながら、いろいろと考えを巡らせ文字にした。この時代を生きた「しるし」を残したいという一心から、さまざまに思いを巡らせた。それはタイトルの『万華鏡（カレイドスコープ）』のような、決して美しいとは言えないながらも、偶然つくり出された形の妙を、言葉にしてみる作業だったようにも思える。

三十年後、百年後、まだ図書館というものが存在しているなら、書棚に残った本書を偶然手にとってくれる人がいるかも知れない。そのとき、あの「激変の時期」、当事者は何を考え、何を希望して生きていたのかを知る資料のひとつとされるならば、著者にとって望外の喜びである。一人のキリスト者が「混乱」の中に、歴史のさまざまな事象を心の拠り所として、確かに生き、そして希望を持ち続けていたということが、ほんの少しでも「証し」できればと願ってやまない。

二〇二四年一月二十五日

川村信三

目次

目　次

目　次

1　今よみがえる殉教者の姿

数年前のこと、大学の研究室に一人の紳士が訪ねて来られた。

「キリシタン時代のよい思い出として、人びとの記憶に残っている歌で果てたい」

初対面のあいさつも終わらぬうちにそう切り出され、驚いたことを思いだす。

この来訪者は、二〇一七年、全世界で封切られたマーティン・スコセッシ監督、遠藤周作原作の映画『沈黙―サイレンス―』の中で、壮絶な殉教を遂《と》げる村人モキチ役として話題になった俳優にして、『野火』などの制作も手がけられた塚本晋也監督である。

役作りのために減量中とのこと。ご自宅から私の勤めている大学のある四谷まで自転車を走らせてきたと語る塚本さんの、日焼けした精悍なお顔と白い歯が印象的だった。

ご自身キリスト者でないにもかかわらず、殉教者への尊敬と役にかける気迫、その意気込みが実際の熱となって伝わってくるように感じた。

「トモギ村」キリシタン三名の壮絶な最期は、原作・映画共に『沈黙』中盤のクライマックスを形づくる。

原作では「ぱらいそに参ろうや」と日本語で歌われる場面だが、塚本さんは「殉教者が歌うとすれば、それは宣教師から学んだ美しいラテン語であるべきだ」と断言された。映画の台本にはない「聖歌」をスコセッシ監督に直談判《じかだんぱん》し、実演する許可を得ているとも話された。

当時のキリシタンたちが何を歌ったかは、一六〇五年に刊行された典礼書『サカラメンタ提要』をひもとけば容易に見つかる。ありがたいことに、音楽学で高名な皆川達夫氏が当時のグレゴリオ聖歌をCDの音源に残している。

「タントゥム・エルゴはどうでしょうか。これなら、通常のミサのあとに聖体顕示をしながらキリシタンたちがそらで覚え、歌っていた可能性は否定できません。」

そう伝えるや否や、塚本監督の表情が「わが意を得たり」と一瞬輝いたように見えた。そして映画『沈黙—サイレンス—』のあの感動的な海辺のシーンとなった。

大波に洗われた岩礁に立つ三本の十字架の一つで、最後の力を振り絞ってモキチが静かに、しかし力強く「タントゥム・エルゴ」を歌い上げ、その声が静かに響きわたる。役人たちはそれをうつむいたまま黙って聴いている。そこには、まるで一幅《いっぷく》の日本画のような美しさと静謐《せいひつ》をたたえた空間が広がっていた。

その光景で、ふとある記憶がよみがえった。役人たちのたたずまいが大分県大分市葛木村にある殉教公園のレリーフに似ているように思えたのである。長崎平和公園の平和祈念像の作者でもある北村西望氏の作で、十字架の前の親子（夫婦と幼子）に一人の役人が何かを告げる構図だ。「転べば放免する」とでも諭《さと》しているのだろうか。隣席する下級役人はうつむき、これはわが意ではないと、祈っているようにも見える。

日本には、歴史的な記録上で、少なくとも二千二十七人の殉教者がいたとされている。しかしそれは氷山の一角にすぎず、実際の殉教者は数万人にも達するとも言われる。そして、その殉教の歴史は、当人たちはもちろんのこと、弾圧を実行しなければならなかった日本の役人たちの歴史でもある。役人は立場上、歴史の流れの中でその場に立ち会わざるを得ない宿命を背負っていた人びとだった。この世で生きていくためには、「越えられない立場」の重い足かせを伴う。禁教の悲劇的な側面を挙げよと言われれば、「越えられないもの」へのどうにもできない悲哀というものを一つ加えたい気持ちに駆り立てられる。

そして、殉教者の立場からすると、ペトロ岐部や高山右近をはじめとして、本来ならばその「越えられない立場」をあえて「信仰」によって越えていった、その勇気への感動が呼び起こされる。「命を賭して信じているものを証しする」、これほど勇気と誠意にあふれた行為が他にあるだろうかと考えさせられる。

そのような生き方の選択には、信仰者でなくとも多くの人が称賛を惜しまないだろう。このことを、塚本監督をはじめ映画『沈黙―サイレンス―』の製作に携わったすべての人びとが示してくれた。

「大分県キリシタン殉教記念碑」

2　秘跡の記憶《メモリア》

一八六八年一月八日、ローマ教皇ピウス九世は、長崎・大浦天主堂の「信徒発見」を歴史上類例がない「驚くべき出来事」とされ、その存続と復活の喜びを全世界に告げ知らせた。

およそ百五十年が経った今、長崎と天草地方の潜伏キリシタン関連遺産の世界遺産登録に際して、世界は再びこの「出来事」（ストーリー）の「語り」を熱く切望している。

二百五十年という長い間、司祭不在（ローマとの交流なし）の集団に信仰が連綿と継承され、そして再び元の鞘《さや》に戻るという「驚くべき出来事」が実現した歴史背景とその理由を、全世界のキリスト者が知りたいと考えているのである。

（＊「長崎と天草地方の潜伏キリシタン関連遺産」は二〇一八年六月三十日、ユネスコの「世界遺産」に登録された）

その「出来事」をもたらしたものとは、「秘跡の記憶《メモリア》」と言い換えることができるように思う。長崎、外海《そとめ》、五島の「潜伏キリシタン」たちが、四百年前の信仰に同じルーツを確認できたのは、よき思い出としての「秘跡の記憶」が継承されたからに他ならず、人びとはいつの日かその再現の日を心待ちにし、生き続けることができた。

その存続と復活の鍵、それは「秘跡」という、カトリックでなければおそらく理解することのできない言葉が握っている。キリシタン時代、心の安寧をもたらした幸福な日々は、「秘跡」の記憶にまつわるものだったように私には思える。「イエス・キリストの救いの目に見えるしるし」があったからこそ、信仰は、喩《たと》えて言うなら、地中で力強く生き続け、やがて芽吹《めぶき》をもたらした。迫害の嵐が吹き荒れ、地表の芽は根こそぎ取り去られても、「根」が地中でしっかりと生き続けたのは、その「根」が「秘跡の記憶」として生きていたためである。

この「根」が生き続け、再び芽を出すために、歴史は次の三つのことを「潜伏キリシタン」に与えている。一、コンフラリヤ（信徒信心会を基礎とする組織）によって築き上げられた「信仰」を保持する器としての組織。二、「バスチャンの予言」に後押しされた「希望」の継承。そして、三、キリシタンたちが再び「愛」に燃え、立ち上がる勇気を与えた「こんちりさんのりやく」のオラショである。

「[1]水方《みずかた》」や「[2]帳方《ちょうかた》」などの呼称で知られる「潜伏共同体」は、江戸幕府の迫害が始まった後に急ごしらえされたものではない。むしろ、フランシスコ・ザビエルの時代にその起源を遡《さかのぼ》らせることのできる信徒共同体《コンフラリヤ》の骨格が、潜伏用に変容されたものなのである。そうした信徒組織は、宣教師が活発に活動していた頃には「教会共同体」の代わりとして大いに機能し、禁教が布《し》かれ、司祭が追放された後では、信徒のみで運営される共同体の構造を支えるものとして機能し、信徒の長が村役を兼任して皆の衆を束ねる要《かなめ》となったのである。

一九九〇年代にアメリカ人歴史学者が制作したドキュメンタリー映画『お大夜』にしっかりと記録されていたように、潜伏キリシタンの長老たちは、司祭になり代わって「ミサ」の形をその「共同体」の場で、形だけとはいえ、継承した。

そして、迫害が打ち続く中にあって、キリシタンに希望を継承させた最も重要な要素、それが「七代たったら」黒船に乗って司祭がやって来るとした「バスチャンの予言」だったのである。

「七代たったら、（中略）コンヘソーロが大きな黒船に乗ってやってくる」

この「予言」の最重要箇所は、再び戻って来るのが「聴罪師（ラ＝confessarius コンヘソーロ）」であると明確に指し示していることである。「パードレ」や「宣教師」が帰ってくるというのではなく、「聴罪師」が再び現れるのだと、苦難の中にいる潜伏キリシタンたちにはっきりと伝えたのである。つまり、「ゆるしの秘跡」を行う人を待ち続けよという伝承だったのである。

なぜ、「聴罪師」を待つのか。その答えは「こんちりさんのりやく」[3]のオラショにある。一五九〇年代、キリシタンが迫害を受け始めた頃、「ゆるしの秘跡」を行う司祭の不足に人びとは悩んだ。そこで宣教師たちは一計を案じ、迫害の最中、司祭のいない状態にあっても、「心からの痛悔」（コンチリサン＝contrição）をなせば、司祭への「告白」は将来いずれのときにか行うと決意しているだけでよいとした。迫害下におけるこの特例は、もちろんローマ教会が公認しているわけではなかったが、非常事態としてこれを人びとの習慣とし、さらに短い祈りによって「痛悔」の心を徹底させることで「救い」が見いだされたのである。

そして、「心からの痛悔」の念を人びとに起こさせるものとして、「御《おん》憐《あわ》れみの御《おん》母《はは》」への信頼が常に思い起こされていたということも功を奏した。これが「こんちりさんのりやく」の内容となり、オラショの形で継承されていった。人びとは奉行所で「絵踏み」をしても、帰宅後、このオラショをいつ果てるともなく繰り返したと言われている。「ゆるし」の記憶は彼らの「立ち上がり」を促し、勇気づけた。

この「こんちりさんのりやく」のオラショと「バスチャンの予言」の伝承は、長崎、外海《そとめ》、五島の一部にのみ伝えられていた。後年、潜伏キリシタンたちは大浦天主堂で、このバスチャンの予言を確かめたのである。その人は「聴罪師」であるかどうか、すなわちカトリック教会の人間なのかと。

あの「サンタ・マリアのご像はどこ?」の言葉は、この「秘跡の記憶」の果てに発せられた歓喜の言葉だったのである。まさに、この「奇跡」の瞬間が、二百五十年の時空を超えて、人びとを過去と、そして四百年前の先祖の信仰に結び付けたと言える。「奇跡」としての存続と復活の鍵がカトリック教会の「秘跡」であり、その「記憶」であったという事実を、あらためて見つめ直したい。

【注】

1 洗礼を授ける役。「授け役」とも。集落ごとに一名置かれ、組織の最高権威者で世襲制をとっていた。宣教師らは禁教令の前から、自分たちが殉教もしくは追放によって日本からいなくなった場合を想定して、信徒による秘密組織を作っていた。

2 潜伏キリシタンの秘密組織の役職の一つ。毎年、教会の祝日を決める役職、またはその秘伝を伝承している人。これを記したものを「お帳」、もしくは「日繰り」と言い、信仰生活の拠り所とした。

3 初代日本司教のルイス・セルケイラが、真の痛悔と神の赦しを祈るための四つの心得「コンチリサン」をまとめ、長崎で出版した。キリシタン時代、数種類の写本が伝承されていて、潜伏キリシタンの信仰と伝承の力の一つとなっていた。カトリックの再宣教および復活キリシタンの教導にあたっていたプティジャン神父（後に司教）が、その一冊を出版して活用した。

3　高山右近の辞世

一六一四年十一月、マニラに向けて出帆するおよそ一カ月前、最期の旅を予感した右近は、畏友であり茶の湯の仲間でもあった細川忠興《ただおき》[4]に宛てて一通の手紙をしたためた。これは右近の言葉が残された稀有の例であり、そこから彼の胸中が偲《しの》ばれる。その際に右近は、二百五十年前に壮絶な最期を遂げた楠木正行《くすのきまさつら》[5]に思いを馳せる。なぜ正行《まさつら》なのか。この人物に、右近の生涯の最後の思いを読み解く鍵がありそうだ。

帰らじと思えば兼て梓弓《あずさゆみ》　なき数にいる名をぞ留る
彼は戦場に向い命を墜《おと》し　名を天下に挙げ、
是は南海に赴き命を天に懸け　名を流す

冒頭に正行《まさつら》の辞世句をほぼそのまま置き、四条畷《しじょうなわて》（縄手）の戦《いくさ》（一三四八年）で勇敢な最期を遂げたその人と自分を対比する。「戦場」と「南海」、「命」と「名」が対《つい》をなし、放たれた弓矢《あずさゆみ》が後戻りしないのと同じように、自分の決意も、ひとたび下されたならば方向を変えることはなかった、という意味に読める。

楠木正行《くすのきまさつら》とは何者か。現代では忘れ去られたかのようにみえる歴史上の人物であり、「忠義」の模範として仰がれた楠木正成《まさしげ》の嫡男である。鎌倉幕府（北條執権政府）を滅亡させた武士たちに代わり、後醍醐天皇自らが政治を行《おこな》った「建武の新政」の折、天皇に忠義を尽くし抜いた親子として、数世代前の歴史の教科書には必ず記載されたほどの有名人であった。「建武の新政」の失敗の後、後醍醐天皇は足利尊氏率いる軍勢と対峙する。その朝廷を二分した南北朝時代、天皇に付き従って最も戦功を挙げたのが摂津・河内の豪族・楠木正成《くすのきまさしげ》だった。その息子正行《まさつら》は、父が戦死した十年後まで、忠義の故に果てた父の思いをずっと温めていた。

楠木親子には、「桜井の別れ」という芝居にすれば名場面になるほどの逸話が残されている。もはや戦の大局が決し、死を覚悟した楠木正成《まさしげ》のもとにまだ少年の正行《まさつら》が出向き、「最後まで父上と行動を共にしたい」と言い張った。父の正成《まさしげ》は「お前は生き延びて帝《みかど》に尽くし、いつの日か必ず朝敵を倒せ」と言い残して、息子の血気を収め、その場での彼の命を救う。

それからおよそ十年を経て、正行《まさつら》は父の言葉の通り、わずかな手勢で高師直《こうのもろなお》率いる八万の大軍を相手に、それこそ放たれた矢のように敵に立ち向かい、果てたとされている。勝ち目のない戦《いくさ》と分かっていても、「大義」が彼をして死地へと向かわせたのだった。

あえて、自分に不利な条件、絶体絶命の境地から逃げなかった正行《まさつら》を賞賛するというのは日本人の好みだろうか。高山右近の生涯も、逃げることができたにもかかわらず、その場で踏みとどまったという点では似たような状況にあった。

それとは逆に、後醍醐天皇の宿敵・足利尊氏をはじめ、当時の武士たちにはほとんど節操というべきものが見当たらない。戦の大義など二の次で、いかにすれば自分は生き残れるかを考えている節がある。それが世の常であったからこそ、楠木正成《まさしげ》・正行《まさつら》親子の行動は特別に人の心を打つのだろう。右近もその行動を『太平記』などを通じて読み、心打たれた一人になった。

人は、大義のために命を賭け、それを貫き通すことができるのか。自分のためではなく、ある「理想」と「恩」に基づき、「他者」への「忠義」を最後まで保つことができるか。高山右近の生涯には、武将としての徳が多く語られているが、まさに、この点にこそ、右近の真価が輝き出る。

右近は自分のために死のうとしたのではない。それは「神《デウス》」への「忠義」のために他ならない。徹頭徹尾、「利他的」な行為であったと言える。

ひとたび芽生えた「忠」は変わらない。また、変えようとも思わない。この世という戦場のなかで「帰らぬ梓弓《あずさゆみ》」のごとく、信念を貫いて、忠義のうちに死んでいった人びと、すなわち「神の国」のために命を賭した人の仲間入りをする。

右近が理想とする生き方の「原型」には、楠木正成《まさしげ》と正行《まさつら》親子の忠節への思いが投影されている。右近が従ったのはこの世の「主君」ではなく、「神の国の主君」であったというわずかその一点だけが違っている。しかし、この一点こそが高山右近の個性と言える。

ちなみに右近が読んだであろう『太平記』の原文から、キリシタン版『太平記抜書』が作られた。多くの箇所が省略された「抄」にあたるのだが、この正行《まさつら》の最期の箇所はしっかりと収録されている。一六一〇年頃に編纂されたと言われ、後に右近が晩年を過ごした金沢で発見されたことから、この書の成立には彼の意志が強く反映されていたのではあるまいか。

【注】

4　戦国時代から江戸時代前期の武将・大名。織田、豊臣、徳川の時の権力者に仕え、巧みな政治手腕を発揮する一方、和歌や能楽、茶の湯にも造詣が深い文化人でもあった。正室は明智光秀の娘、細川玉子（ガラシャ）。義父・光秀の謀反の後も妻を離縁しない情愛の反面、キリシタンの乳母の些細な過ちを責めて鼻と耳を削ぎ落して追放するなどの残酷な面も持つ（フロイス『日本史』）。

5　南北朝時代、南朝の後村上天皇に仕えた武将。父の楠木正成、末弟の楠木正義と並ぶ南北朝時代の代表的名将。「四条畷の戦」で高師直率いる幕府軍の大軍に少人数で戦を挑み、壮烈な戦死を遂げた。後年、さまざまな仮説が賦課され、明治維新の尊王思想の模範とされた。

4 『沈黙』についての違和感

二〇一七年の映画『沈黙―サイレンス―』は、映画評論家から概《おおむ》ね良好な評価を受け、一般の聴衆にも大きな感動を与える作品となった。巨匠と誰しもが認めるマーティン・スコセッシ監督の、興行収入を度外視してでも作りたかったとの思いが伝わってきた。

しかし、個人的には、原作に出合った時のカトリック信徒としての違和感は払拭しきれず、原作を読み返しても手放しで喜べない何かがあることも改めて感じられた。一つの文学作品あるいは映画を、何か一つのテーマで括《くく》り論じようとするのは誤った態度と言うべきだろう。『沈黙』のテーマは複雑多岐にわたっており、「母性の神の発見」、「強い人・弱い人」、さらには「十六世紀キリスト教宣教の限界」といった議論が活発になされてきた。

歴史を題材とする作品には、歴史小説と時代小説、あるいは歴史劇と時代ドラマの違いが明確に存在する。歴史小説や歴史劇は、史実を曲げることの許されない世界であり、こういう歴史があったに違いないと多くの研究者、考証家の協力を得て作成される（NHK大河ドラマなど）。一方、時代小説ないし時代ドラマは、歴史を舞台にしているとは言え、史実がどうであるかにはあまり頓着しない。それらしい舞台上でフィクションの主人公が立ち回ることが許される世界である（例えば水戸光圀や大岡越前の創作話）。

遠藤周作の『沈黙』は、歴史舞台に依拠してはいるものの、史実を歴史小説並みの正確さで示そうとしていない点で、時代小説、時代ドラマの範疇に属するものと考えてよいだろう。したがって、遠藤の『沈黙』でNHK大河ドラマを作成することは不可能である。そこに描かれる人物、その思考過程はすべて、遠藤周作のオリジナルな思索の結果ということになる。

そう割り切った上で、遠藤周作が『沈黙』で展開した思索について思いを巡らしてみたい。それは、これまでカトリック信仰を考える上で正面から取り上げられたことのなかった重要な場面である。

本作品の全編を貫きながらも、たった一つのセリフで語られるその論点とは、主人公で転び伴天連《ばてれん》となったロドリゴが語る心の声に代弁されている。

「私は転んだ。しかし主よ、私が棄教したのではないことを、あなただけがご存知です。（中略）だがそれよりも私は聖職者たちが教えている神と私の主は別なものだと知っている。」（新潮文庫版 272〜273ページ）

ロドリゴに託されているこの言葉は、原作者の心の声と読むことができる。遠藤はここで「聖職者の神」と「私の神」とを明確に区別する。ここで表明されているのは、明らかに「主観的信仰」の側面である。すなわち、「神」と「私」の間に「介在」するものは、「信仰」以外、何もない。大切なのは「心」なのだと。だが、それは果たしてカトリック教会の考える真実であろうか。カトリックの私にはこのセリフこそが違和感の原因となっている。

実は、まったく同じ思いを抱《いだ》いていたのはロドリゴだけではなかった。二〇一七年に五百周年を迎えた「宗教改革」の嚆矢《こうし》、マルティン・ルターはまさにそう考え、そう行動した人である。

「信仰のみ」という言葉に集約されるルターの心情は、信仰の「主観主義」と言われ、この世における「教会」が、「救いの仲介者」「客観的な救いの場」となって介在することをあえて認めない。

一方、カトリックの信仰は、神と私（個人）の間の「救いの成就」にとって、「教会」という客観的な「この世の目に見えるしるし」の介在が不可欠であるとしている点に特徴がある。

「イエス・キリストの救いの業《わざ》の目に見えるしるし」である「秘跡」が行われる場である「教会」に、重要な意味を持たせるのがカトリックの考え方である。それは、単なる表面上の形ではなく、時空を超えて信仰者をイエス・キリストに結び付け、内的に変えていく具体的な場所にほかならない。

たとえ組織として、機構として、人間的な不都合を幾ら抱えていようとも、この地上の客観的な「教会」という場以外に、キリストの「救いのしるし」が「目に見える形」、すなわち「秘跡」の形で現れるところはほかにないのである。

そう信じるのがカトリックの教会論であり、秘跡論である。十三世紀に、その洞察を、アシジの聖フランシスコが「遺言」で弟子たちに語り、十六世紀の聖イグナチオ・デ・ロヨラも同じ道を人びとに示した。

遠藤周作は、もちろんカトリック教徒として生きた作家である。しかし、彼が現実に直面していた「教会」は、理想的なその姿からかなり隔たっていたのかもしれない。

フランス革命以後、教会を葬り去ろうと図る世俗勢力への対抗上、十九世紀のカトリック教会は、自己防御の鎧《よろい》をまとい、自己の絶対性、中心性をことさら強調し、他の主義や主張、団体への排他的態度に終始した。教皇ピウス九世による『シラバス（誤謬表）』は、あらゆる自由主義的主張や団体を排斥し、教皇ピウス十世の近代主義批判は、カトリック教会の現代社会からの孤立を深める側面を持っていたことを思い起こしたい。すなわち、遠藤が『沈黙』で描いたのは、十六世紀のキリシタン教会というよりは、彼自身が属していた二十世紀初頭の教会の様相だったのではないか。

こうした頑《かたく》なで排他的な教会観が反省され、改善され始めたのは一九六五年に閉会した第二バチカン公会議以後のことである。すなわち『沈黙』（一九六六年刊）の書かれた頃の教会はまだ、再生の苦悩の中にあった。一九二三年生まれの遠藤には、教会組織が示すさまざまな限界が痛切に感じ取られたということではないだろうか。ロドリゴの独白は、そうした感覚の中に姿を現しているように思える。

遠藤周作は亡くなる直前に、小説『深い河』（一九九三年）を完成させている。その作品には、第二バチカン公会議で「世界に開かれた教会」として再生を遂げつつあったカトリック教会の新たな見地が随所に散りばめられている。これら二つの作品の間には、まったく異なった教会観が存在する。それはひとえに、公会議をはさんだカトリック教会自身の「ゆるしと和解を求める」態度への変化の故であったとも言える。

今、再びロドリゴが語るとすれば、いったいどのような言葉を残すだろうか。それは、何度も倒れながら、また立ち上がった教会。不完全でありながら、罪びとを包摂する「地上を旅する教会」を言い当てる言葉であってほしいというのが正直なところである。

5　井上筑後守《ちくごのかみ》「転び」の陥穽《おとしあな》

大きな災害に直面したとき、信仰を持つ人間は神についての難問の前に立ち尽くす。この災難の原因は何か。この災害に込められた「神のメッセージとは何か」と。こうした理不尽に対して、古来最も多く用いられたのが天啓という言葉、すなわち神が怒りを通じて世に警告を発しているのだという説明である。

しかし、一方で、「神が善であり完全であるのなら、なぜこの世界に悪や罪が、そして災害による悲しみや不幸が存在するのか」という問い掛けも尽きることがない。二〇一一年の東日本大震災の際、日本の小学生が時の教皇ベネディクト十六世に送った質問状の内容は、まさにその難問であった。「神などいない」、「私たちの勝手な想像で都合のいい神をつくり上げただけであった」と、絶望を表明する人も少なからず存在している。

昨年話題となった映画『沈黙―サイレンス―』には、[6]井上筑後守政重《ちくごのかみまさしげ》という人物が登場する。実在の人物である。老獪《ろうかい》な幕府の役人として、宣教師を詮議し、栄《は》えある殉教ではなく、屈辱の背教へと巧みに誘導する姿が衝撃的だった。登場人物であるロドリゴとガルペの二人の宣教師は、実際は一六四三年頃、日本に上陸した二つの宣教グループをモデルとしている。

最初はアントニオ・ルビノを中心とした一団で、上陸してすぐに捕縛され、長崎移送の後、長崎奉行・山崎正信による過酷な拷問に遭い、全員が殉教を遂げた。

一方、その翌年のジュゼッペ・キアラの一団（約十人）は、すべて江戸送りとなり、そこで幕府大目付・井上筑後守政重のもとで全員が棄教させられる結果となった。フェレイラの棄教の報に動揺し、同じ意思と目的をもって来日した二つのグループの命運が「殉教」と「背教」の真逆の結果となったのは、ひとえに井上筑後守の準備した陥穽にあったからである。

井上筑後守政重は晩年、キリシタン禁制関連の役職を引退するとき、後継の宗門《しゅうもん》[7]改役《あらためやく》・北條正房に引き継ぎ資料として調書の束を手渡した。これは福山藩の儒学者、太田全斎が一七九七年にまとめた『契利斯督記』という書物の形で現在に伝えられている。その中で、井上は、宣教師たちを窮地に追い込み、信仰に動揺をもたらす「質問」

を繰り返し問い続けるよう指示したとある。すなわち神は完全な善であり義であるはずなのに、なぜ不完全なこの世を創造し、さらに悪の存在を容認し、人間に罪の可能性とその結果としての「地獄」という無慈悲にもみえる境遇を想定しているのかと。

実は、井上のやり方はフランシスコ・ザビエルの来日以来、事あるごとに日本人たちが宣教師たちに問い掛けた最も典型的な質問事項の繰り返しでもあった。宣教師たちはその答えに窮した。日本人たちが、なぜ悪は存在するのかと質問しているのに、宣教師たちは、それが人間の自由な選択の余地（自由意志）を残すためだと繰り返すのみで、肝心の「善なる神」と「悪の存在をゆるす神」が両立しないという究極の疑問には答えられなかったからである。

哲学史上、この難問は「神義論」（テオディセー）と分類される。古くはエイレナイオスやアウグスティヌスがこの難問に取り組んだが、悪は人間の罪（自由意志）の結果であるとか、悪が人間を完成させる「教育的効果」をもたらすのだとする説明ばかりが強調された。

十七世紀の天才数学者であり哲学者でもあったライプニッツが、この問題を「神義論」と名づけてテーマ化し、すぐれた絵画に光と影（陰影）が顕著なごとく、神の善の「光」を引き立てるために、「影」がなくてはならないと説いている。

それに対して、フランスの啓蒙主義者ヴォルテールが批判し、さらにドストエフスキーなどもその未解決の問題を蒸し返した。〈参照＝『ライプニッツ読本』〈酒井潔ほか編〉32〜42ページ「神義論（弁神論）の問い」〈江口再起・著〉〉

伝統的な「神義論」はついぞ、善なる神と悪が共存するという疑問に答えを出せずじまいである。井上筑後守の詮議は、その心の間隙《かんげき》を突いてきたのだろう。それを「信仰」を揺るがす最も効果的な詮議法だと見通していたところに、井上という人物の老獪《ろうかい》さが垣間見える。

「神は悪をもつくり給うのか」。この質問は、震災のときの小学生の素朴な質問と重なる。教皇ベネディクト十六世はこう答えるしかなかった。

「私も自問しており、答えはないかもしれない。悲しさは消えません。しかし、それでも私は苦しむ人たちのために祈り続けなければならないと考えています」と。

「神義論」については、この教皇ベネディクト十六世の解答が、精いっぱいの誠意ある態度なのだろう。安易な解答を避けるべきである。この難問の前に、私たちはただ「謙虚」にうずくまるだけであり、全知全能の神の前に、ひたすら祈り続けることだけが救いとなるだろう。

【注】

6 江戸時代前期の幕臣。島原の乱で功を立てた後、長崎で外国商船の取り締まりと、過酷なキリシタン弾圧にあたった。一六五八年に高齢で引退するまで幕府の鎖国・禁教政策に力を振るい、キリシタンの心理を巧みに突いた巧妙な尋問と残酷な拷問を考案して棄教を勧め、その手口を記録に著した。

7 キリシタン禁制政策を推進するために、江戸幕府が採用した制度を維持・管理・運営するための役職。キリスト教を棄教した者から誓詞を取り、寺社への帰属を義務付ける寺請《てらうけ》制度、キリシタンの密告と摘発を奨励する五人組制度、絵踏み、訴人などを徹底させ、この制度は幕藩体制に組み込まれた。

6　能動的信徒覚醒のための緒《いとぐち》

先日、名古屋の南山大学で長らく教壇に立たれていた神言会の青山玄《げん》神父の「明治・大正・昭和初期カトリック信徒の宣教活動」（『南山神学』10号　一九八七年）を再読して、あらためて感銘を受けた。今、私たちが忘れかけている信徒の「能動性」回復への鍵が説かれていると強く感じたためである。

明治初期の宣教でとくに注目すべきは、「歩く司祭」として有名なパリ外国宣教会のジェルマン・テストヴィド神父の活動だろう。

日本初のハンセン病療養所を開設したことで有名なこのフランス人神父は、「外国人の往来十里（四十キロメートル）」という規定の制限内いっぱいに、横浜から各地へ足を延ばしている。そこで繰り広げられた宣教は、いわば[8]「ホーム・チャーチ方式」とでも呼ぶべきものだった。

当時、心ある日本人たちは「福音を説く異人」を温かく受け入れた。やがて彼らは月に数度、定期的に巡回してくるフランス人宣教師の補佐役として、各地で「カテキスタ」（伝道士）となって活躍するようになる。幾つかの村落においても、同じように宣教師の受け皿的共同体が発足している。

神父が訪問した時には、一信徒が「なぜ自分はキリスト教を信じたのか」という入信の理由を語り、来聴者に深い感銘を与えていたという。そしてある時には、三十人以上もの人が同時に受洗を希望した。信徒は洗礼の他にも、宣教師が不在の時には幼児洗礼や葬儀なども執り行っていたらしい。明治二十四年までに千葉県下では、一千人もの信徒が司祭の常住していない、教会もない中で存続し続けた。これこそ、まさに「能動的信徒」の活躍期と言えるだろう。

明治三十年頃までのカトリック教会は、プロテスタント教会が社会運動や教育に目を向けていたのとは違い、マタイ福音書の「慈悲の業《わざ》」の勧めどおり、「目の前の最も小さな人びと」の「魂の救い」を優先する方針を貫いていた。

横浜のサンモール修道会（現・幼きイエス会 ニコラバレ）の仁慈堂や山上カク修道女の活躍、長崎の岩永マキの「十字会」などは、孤児や病者の救済に結びつくものであり、それらは「日本のマザー・テレサ」と言えるような足跡を残している。都市周辺では先の「ホーム・チャーチ」方式の福音宣教が功を奏していた。

ところが、一八七一年に閉幕した第一バチカン公会議は、反教会的風潮から教会を防衛すべく、ヨーロッパ中心（バチカン中心）の中央集権（聖職者中心）的教会を強調する。そして一八七九年に、全世界の教会に対して地方教会会議の開催を要請した。こうして日本では一八九〇年、わずか十人たらずの教会会議が長崎において開かれた。

この時の教令で確認されたのは、①教会聖堂を中心としたカトリックのヒエラルキー（位階）制度を重視すること、②家庭ミサや集会などの廃止、であった。また洗礼志願期についても、司祭がより時間をかけて準備するように求められた。これを見ると、「能動的信徒」の活躍場所が意識的に制限されていたことがわかる。

結果として、一八七五年から同八一年に、司祭一人あたり年間平均で四十から六十人いた洗礼志願者が、一八九九年には年平均十人に激減したと統計は語る。さすがにこの停滞ぶりに驚いた教会関係者は、明治初期の状況を取り戻そうと努力するが、教勢が再び上昇に転じることは困難であった。

これにさらに追い打ちをかけたのが、一九三〇年の[9]シャンボン東京大司教による声明だった。すなわち、すべての教会活動を「主任司祭」の管轄下に置くことが徹底されたのである。青年会、壮年会、婦人会など、現在でもおなじみの年齢別組織が教会内に設立されることになったが、それは信徒の自発性に基づいた従来の種々の「信心会」とは明確に区別された。「信徒」ではなく、「主任司祭」が主導する教会が目指されたということである。

おそらく、当時の「社会主義運動」や「共産主義運動」からの教会員への影響を嫌ったための通達であり、それ自体は慎重な判断の上の声明だった。しかし、このことは「受動的信徒」が大半を占めるという結果を教会にもたらした。太平洋戦争後、日本のカトリック教会は自由を取り戻したが、信徒が「能動性」を取り戻す機会にはあまり恵まれることはなかった。むしろ現在の教会においても、「受動的信徒」の〝遺産〟が随所に見受けられる。

明治初期の信徒たちのあのエネルギーを感じる機会はあまりない。そうした中、「カテキスタ」（信徒伝道者）制度を見直そうという声が上がり始め、何か変化の兆しというものが感じ取れる。まさに明治期における信徒の「能動性」の主役、それはカテキスタとホーム・チャーチ方式であった。

こうした制度の見直しには、「司祭」と「能動的信徒」の「共働」が不可欠であり、それは真剣に追求される必要がある。「信徒」は洗礼や葬儀などの分野で、もっと活躍の場を広げてもよいのではないかと考えながら、「主のみ旨のままに」と祈るばかりである。明治初期のあの信徒たちの熱意を今一度思い起こし、学ぶべき時である。

【注】

8　家庭祭壇を中心に信者の家族的なつながりを軸にした教会共同体の在り方。

9　パリ外国宣教会会員（一八七五～一九四八）　東京大司教、横浜大司教。東京教区長時代は新しい小教区の設立に努め、それをできるだけ邦人司祭に委託するよう尽力した。また海外から男女の修道会を招聘するなど、教区の発展に寄与した。東京教区が横浜教区と二分されると、横浜教区の初代司教に任命された。一九四〇年、日本が軍事色を強める中、教区長を退任し、晩年はパリ外国宣教会横浜管区長を務めた。その最も大きな業績は、東京大神学院（現在の東京カトリック神学院）の創立である。

7　宗教(派)間対話の根底にある「エキュメニズム」の真理

二〇一八年の「キリスト教一致祈祷週間」において、日本福音ルーテル教会の白川道生牧師と合同礼拝を共に行う機会に恵まれた。白川牧師は昨秋、長崎の浦上天主堂で行われた「宗教改革五百年共同記念『平和を実現する人は幸い』シンポジウムと記念礼拝』」の企画で、ルター派側の実行委員長を務められた方である。

ルターの宗教改革から五百年を経た今、私たちは教派を超えて共に祈るという意義をどのように捉え、分かれた信仰上の兄弟姉妹として互いをどのように意識しあえるのだろうか。

白川牧師の話の中にたびたび登場したのは、「エキュメニズム」(教会一致促進運動)という言葉だった。

第二バチカン公会議の一つの柱ともいえるこの言葉を、カトリック側はそれほど新しいものだとは捉えていないが、ルター派の方からことさらこれが強調されたことが、私には何より新鮮に感じられた。

五百年前、教会は分裂という憂き目を見た。その後のヨーロッパの歴史は、宗教の違いに基づいた抗争の連続であった。

現代の若者の間には「宗教」と「戦争」は切り離せないものだとの印象がまん延し、「宗教」が人間を分裂させる「悪」だと捉える向きさえある。それが誤解であり、本当の宗教は「幸福」を目指していることを示すためには、一刻も早く宗派間の「対話」と「相互尊敬」を実現することが何より大切である。その姿勢が、見せかけだけのものであってはならない。そのためにも、「エキュメニズム」とは何なのかという根本的な理解がぜひ必要である。

この語の由来となったギリシャ語の「オイクーメネー」は「家」を意味し、「エキュメニズム」とは、世界中の宗教（派）が一つ屋根の下に生きているという意識を示す言葉だと言えるだろう。

十五世紀の神学者にして枢機卿であったニコラス・クザーヌス（一四〇一―一六四年）は、「反対の一致」（coincidentia oppositorum）という考え方で「エキュメニズム」を説明した。

私たちが「神」と想定できるのは、区別や相対を越えて、全てを包み込む総体としての「神」なのだとクザーヌスは主張する。つまり、私たちが「反対」で対立すると思っていること、まったく相容《い》れないと考えていることは、実は究極的には一つの現実を示しているのだと。

「絶対者たる神は有限者のあらゆる対立、矛盾を超え総合する絶対的、統一的存在だ」ということである。その神を知るためには、私たちの「識別的な悟性（認識）」は何の役にも立たない。「理解を超越した」直観的な洞察でしか、その真実は把握できない。クザーヌスはこれを「知ある無知」と名付け、カトリック神学の伝統の一つである「否定神学」あるいは「神秘主義」として提示した。

キリシタン時代に生きた日本人の宗教受容について考えていたとき、日本にも「神秘主義」（「否定神学」）と同じような考え方があることを知った。「天台本覚論」（比叡山で中世期に盛んとなった「自然」観を基にした教説）という思想である。すべてこの世にあるものは唯一の「仏性《ぶっしょう》」をすでに有していて、ありのままの姿こそが悟りなのだと捉える考えで、「草木国土悉皆成仏《そうもくこくどしっかいじょうぶつ》」という言葉で表現される。真理（真如《しんにょ》）は、一切の区別の止揚《しよう》（すなわち、二つの反対のものが最終的に一つに合一される）のもとで把握される。

「大と小」、「貧と富」、「強と弱」、「美と醜」、「善と悪」、そして「生と死」ですら、実は真実としては究極的には区別されず、「二」の別々の側面だとするのである。

日本文化、たとえば茶の湯や生け花、さまざまな武道にはそうした考えが深く浸透している。そこでは「反対」の区別はなく、「一つ」の統一を直観的に捉えることこそが重要とされる。

残念ながら、「神秘主義」（否定神学）も「本覚論」も、それぞれの教団や宗派の下《もと》では「異端的」と見なされることが少なくなかった。なぜならこの世で生き、人間集団として組織を構成する以上、「自己」を確認するのは他者からの「区別」に他ならないからである。歴史上の紛争は、その「区別」を強調しすぎたことに端を発しているように思われる。しかし、「神秘主義」の下《もと》においては、真理とは「区別」ではなく「一致」なのである。

結局、「エキュメニズム」とは、比喩的に言うならば、二人の人間が互いに向き合って、相手と自分の違いをあれこれ論じることはやめよう、という発想だと言える。対面すれば、お互いの欠点がはっきり見えてきて、必ず非難の応酬になる。そうではなく、むしろ、大切なことは、一緒に同じ地平線を見つめて、最終的に到達する目的地の方角へ、共に進んでいくということかもしれない。「反対」を一致させる真理の輝く場所は必ずあると、心の底から信じてそうするのである。それが「エキュメニズム」の真の姿のように思える。

8　浦上の「秘密教会」と「旅」のはじまり

一八六五年の大浦天主堂での「信徒発見」は、教皇ピウス九世の言葉通り、「驚くべき出来事」と呼ぶものだった。

「発見」された信徒たちはその後、さらに数奇な運命をたどることになる。浦上村の信徒たちは、四カ所の「秘密教会」を建てていた。一八六八年七月。「旅」すなわち、浦上四番崩れによる信徒の各藩移送（配流）が始まるまでの間、信徒たちはこの「秘密教会」を心の拠り所としていたのである。

当時、大浦天主堂にいたパリ外国宣教会のプティジャン神父[10]をはじめ数名のフランス人宣教師は、この浦上の「秘密教会」を頻繁に訪れていたようである。しかしこの時期、幕府は依然としてキリシタン禁教を解いていない。（一八六八年四月、明治新政府もこの政策を引き継ぎ、「五榜《ごぼう》の掲示」でキリシタン禁教の継続を国是として謳《うた》っている）

しかし、浦上の信徒にとっては、「お上」の定めた宗教慣例に従い続ける気持ちは毛頭なく、「先祖から受け継いだ信仰」を何ら躊躇《ちゅうちょ》することなく示そうとしたのである。そこに持ち上がった大事件が、「自葬問題」である。

一八六七年七月、浦上の信徒たちは、地元の檀那寺である聖徳寺への届けなしに、自らの信仰に従って死者の埋葬を行《おこな》った。このことが長崎奉行所の知るところとなり、役人が「秘密教会」の一つである「聖マリア堂」に踏み込んだのである。これが幕府の言う「浦上四番崩れ」、浦上信徒の言葉では「旅」の始まりであった。浦上四番崩れが起こるまでのわずか二年ほどの期間であったが、浦上のカトリック信徒にとって、この「秘密教会」の存在意義は、きわめて大きいものがあったと言える。浦上の秘密教会については現存する史料がほとんどないため、その内容は想像をたくましくするしかない。

実は、二〇一〇年のNHK大河ドラマ『龍馬伝』の中に、長崎の「秘密教会」が登場している。坂本龍馬らが神戸を引き揚げ、長崎に「亀山社中」を設ける頃が、ちょうど浦上の「秘密教会」の活動時期に当たっている。ドラマでは、龍馬らの行動を奉行所に密告するために近づく長崎の芸妓「お元」が潜伏キリシタンだったという設定で、この人が「秘密教会」に通うシーンが印象深く描かれた。

「お元」という芸妓は、龍馬や豪商・小曾根家の周辺で実在した人物とされているが、彼女をキリシタンとする設定はまったくのフィクションである。「お元」は、幕末の日本という閉塞した社会に息苦しさを感じ、長崎で「外国」を感じて、自由な信仰と生き方を求めて外国船に逃げ込んだ。

大河ドラマスタッフの助監督から「時代考証をしてほしい」と依頼され、NHKの渋谷106スタジオに向かった。厳重な防音扉を二つくぐると、体育館のような広いスペースの中に「グラバー邸」が復元されていた。そのグラバー邸の地下部分に、キリシタンの「秘密教会」の空間が作られていた。

集められていたエキストラの劇団員たちは徹底して準備されたらしく、「痛悔のオラショ」を本物さながらに歌いあげていた。潜伏キリシタンの「秘密教会」に、本当に迷い込んだと錯覚したほどである。

その後、「お元」はイギリス船に乗って、無事日本からの脱出に成功する。カトリック教徒がイギリス船で逃げるというのは少し無理があるとも思えたが、上海や広州などに渡り、そこのカトリック教会に合流したに違いないと、妄想をふくらませることも可能である。実際、上海では一八四七年以後イエズス会が入って、郊外の徐家匯《じょかわい》で拠点づくりをしていたし、広州では石室として有名なゴシック建築様式の大聖堂が一八六三年に着工している。幕末、明治初年の長崎での歴史の激動のなかで、人びとの信仰生活が再び活力を見いだすとき、外国がらみのさまざまなドラマが織りなされたことは、十分あり得ることである。

そして、歴史はまたしても急転直下、奈落の底に突き落とされるような体験として浦上の信徒たちに迫る。

一八六八年七月二十二日、浦上全村の主だったキリシタン百十四名が、五月の御前会議で決議された通り、現在の島根県萩、津和野、福山の各藩に移送された。その後、浦上一村総配流が実行され、信徒たちの「旅」が始まるのである。

最も信頼できる統計によれば、総数三千三百九十四名のキリシタンが各藩に預けられた。「旅先」で亡くなった村民は、六百十三名を数える。この間には、各藩の役人による責め（拷問）によって「改宗」した人が浦上村に戻されたりもしたようだが、一八七三年に帰還が終了するまで、彼らの苦難の「旅」は続いた。

長崎を訪れて浦上の地に立つと、この地の数奇な運命を思わずにはおれない。

四百年前のキリシタン時代全盛期から、「沈黙」の苦難の時、そして「潜伏」という緊張の時を経たのち、ようやく射《さ》し始めたかに思われた光明もつかの間、配流という苦悩の「旅」が待っていたのである。

明治新政府は一八七三年に江戸幕府の高札制度を廃止したが、これはキリシタン禁教の撤廃を意味せず、信徒たちの苦悩はさらに続いた。そして、一九四五年八月九日、浦上の秘密教会の一つ「聖フランシスコ・ザビエル堂」のあったその上空で、原子爆弾が炸裂した。「長崎」は、神の摂理のうちに歩み続けているように思えてならない。

この町の数奇な運命を、「信仰の目」を抜きにして語ることはできない。

【注】

10　パリ外国宣教会会員（一八二九―一八八四）　初代長崎教区長。大浦天主堂の落成から三カ月後に、潜伏キリシタンの信仰宣言を受け、その衝撃的なニュースは世界を驚嘆させた。いまだキリシタン禁制の残る中、他の宣教師らと共に復活した教会の指導に奔走した。一八六七年の「浦上四番崩れ」の際には、全国に配流された信徒の救済を求めてローマへ赴いた。国際社会の圧力に屈して明治新政府が切支丹高札を撤廃し、信徒の浦上帰村が実現した。一八八二年、大浦天主堂で復活教会最初の邦人司祭三名の叙階式を司式。一八八四年、心臓発作のため没。

9　「彼らは何を信じていたのか」という問いへの疑問

現在、カトリック教会の内外で、百五十年前に「信仰者」として生きたが故に、歴史の荒波に翻弄された人びとが脚光を浴びている。信徒発見の出来事、そしてそれに続く浦上信徒の苦難の「旅」の話は、私たちの信仰をあらためて考えさせる上で極めて重要な出来事である。

そうした歴史への関心の高まりの中にあって、一つ気掛かりなことがある。それは、「キリシタン時代」「潜伏時代」、そして「信徒発見と復活」の出来事を通して、「民衆キリシタンはどれほどキリスト教を理解できていたのか」という「問いかけ」がなされているということである。

この「問いかけ」は、日本人が伝承し続けたものが、正直なところ「純粋な信仰」とはかけ離れたもので、また、四百年前のキリシタンたちの信仰も、結局のところ、キリスト教の本質を理解した結果ではなく、キリシタン領主による強制や偶発的な出来事の繰り返しによってもたらされたものだった、というのだ。さらに驚くべきことに、「殉教者」たちの最期ですら、「キリストのため」の信仰ではなかったという疑問が出されているのである。

こうした「問いかけ」の根底にある懐疑は、遠藤周作の『沈黙』の中でも、ロザリオの数珠《じゅず》玉や藁《わら》の十字架など、形のあるものだけを「お守り」や「魔除け」のように求めて群がる農民の姿に投影されていた。

しかし、当時のキリシタンの信仰心が、「本来あるべき姿から」遠くかけ離れ、キリスト教の教えは薄められ、日本化して変質したものとしてしか受け入れられなかったという考え方には、どうしても納得し難いものを感じる。

私の抱く違和感、それは何をもって「純粋な信仰」とか「本当のキリスト教」と呼ぶのかという疑問に尽きる。

いったい「完全な信仰」などというものが果たしてあり得るのだろうか。

そう問うのは、前述の問いかけは、「信仰」を完成された形として固定的に捉えている誤解によるものではないかということだ。信仰とは常に成長し、深まり、より理想の形に近づく「プロセス」として示されるものではないのかと私は考えている。

ある一部の信仰を「本物ではない」として断じて、教会の枠から排除するという態度は、すでに一六〇〇年前にアウグスティヌスが、ドナートゥス派[11]を論駁《ろんばく》する際に誤謬《ごびゅう》として退けている。

「教会」すなわち「信仰者の交わり」とは、一重の円ではなく、二重の円をもって描くべきだとアウグスティヌスは言う。「洗礼」によって「秘跡の交わり」（コムニオ・サクラメントールム）という一つ目の円に加わった信仰者は、その内側のより純粋な場所として、「聖者の交わり」（コムニオ・サンクトールム）という目標領域に向かう途上に置かれるとアウグスティヌスは主張する。

多くの信徒は一つ目の円に留まっているというのが現実である。しかし、それは決して咎《とが》められることではない。まだ完成に至る余地を残しているというだけのことなのである。

「教会」とは、たとえ教理の理解が不十分な人、まだ「この世」や「異教」の要素を多分に持っている間でさえも、「秘跡の交わり」に加わる限りにおいて、真の信仰者だと捉えるのである。

藁《わら》の「お守り」や、得体の知れない信心具を大切にする態度も、いずれは「浄化」

され、本物へと「昇華」されるプロセスが信仰にはある。「秘跡の交わり」においては、罪びとさえも排除されないのである。転んだ人（棄教者）も、背教を積極的に宣言する人でも、信仰共同体の円の中にいることは否定されないからである。

アウグスティヌスの考える二重構造の「教会論」は、今日では、「地上を旅する（巡礼者の）教会」という表現で端的に示されている。私たちはぼろをまとい、埃《ほこり》まみれになって「この世」という道中を歩み続ける「巡礼者」に喩《たと》えられる。足をとられて転倒し傷ついても、また立ち上がって歩み続ける。その目指すところは「天上のエルサレム」であり、「完成」はその目的地、すなわち「聖者の交わり」でのみ実現するということである。

十六、十七世紀の日本人キリシタンたちが、「秘跡の交わり」の中にいたことは疑う余地がない。「潜伏キリシタン」も、少なくとも教えに「復帰」できた人びとは、「秘跡の記憶」を継承していた。彼らは三位一体論やキリスト論の複雑な神学論争をまったく知らずにいた。しかしそれらを、「神秘」として直観的に捉えているだけで十分であった。

ただ、「洗礼」を受けるときに（カテキズムを学ぶ際に）、最低条件として、彼らが

「万物の創造主」と「永遠に朽ちることのない魂」の存在ははっきりと意識するよう、指導者によって注意深く配慮がなされていた。

十字架の秘儀もすぐには理解できずにいただろうが、自分たちのこの世での苦しみと来世の「至福」への希望を、たとえそれが「キリスト」という言葉を用いなかったとしても、キリシタンたちはキリストの受難と復活に示された苦しみと喜びに重ねあわせて生きるよう、導かれていた。

「彼らは何を信じたのか」。少なくとも、それは「本物の信仰ではなかった」と誰にも批判されることのない、現実の信仰をキリシタンたちは生きていたと断言できる。

【注】

11　四～五世紀にかけて、北アフリカの教会において勃興した一派。最盛期にはカトリック教会を凌ぐ勢力となった。背教者の授ける秘跡の有効性と教会の成員の質が問題とされた。その主張は、a.「教会は迫害時に正面から抵抗した者たちによってのみ構成される。b.背教した司教による秘跡の授与は、非合法であり無効であるというもの。ドナートゥス派は自らを「聖なる教会」「汚れなき殉教者の教会」と称し、従来のカトリック教会と自分たちは異質であるとした。

10　聖母月に想う

教会にとって五月は「聖母月」、特別な季節である。

もちろんこれは北半球中心の考えではあるが、やはり春爛漫《らんまん》、新緑の頃は、洋の東西を問わず穏やかで幸福感に満ちあふれ、聖母のイメージを重ね合わせるのはごく自然のことのように思える。

五月十三日には「ファティマの聖母」の日もある。ポルトガルのファティマ、この地はすでに全世界のカトリック信徒にとって重要な場所となっている。

ファティマの聖母のご出現百周年を記念する年であった昨年（二〇一七年）九月に訪れたご出現の地、コヴァ・デ・イリヤの丘陵には、透き通った青い空がどこまでも広がり、清澄な空気が満ちあふれていた。

カトリック教会にとって聖母への崇敬は、何よりも信仰にとっての最重要事項である。中東の砂漠地方で誕生したユダヤ教をはじめとする諸宗教は、ともすれば荒々しさや厳しさを印象づけるものだが、キリスト教の聖母の存在がどれほどの安堵感を増し加えたかは、信仰の歴史が証明している歴然たる事実である。

日本のキリスト者は、とくに「聖母」に対する信心を強く持っていた。十七世紀禁教下の長崎で、「真の痛悔」という心をどうすれば持てるかを自問したキリシタンたちの答えはこうであった。

「此訴訟《このそしょう》の御取次《おんとりつぎ》にわ、御母《おんはは》さんた丸やを頼み奉るべし」、すなわち「すべて御母に信頼してゆだねよ」と。日本人がキリスト教を理解し受け入れ、信じ続けたのは、そうした「母親」の役割の故であり、それが日本人の自然観や信仰心とも共鳴したからに違いない。

日本人の宗教心に「聖母マリア」を感じさせる鍵があるとしたら、それはどこで見つかるのだろう。

黙想会の折にそのテーマを皆で分かち合ったところ、参加者の一人に、その鍵は「般若心経《はんにゃしんぎょう》」にあると教えられた。そして、後日送っていただいたのが、諸橋精光さんの『般若心経《はんにゃしんぎょう》絵本』（小学館　二〇〇五年）という絵本だった。むずかしい仏教書の解説から「般若心経」を理解するのは容易なことではない。

しかし、絵本でなら、その大枠は理解できる。かわいらしい挿絵が特徴の絵本で、観音菩薩に導かれた修行者シャーリープトラくん（舎利子）が、真理に導かれるまでのお話が描かれている。

私たちの存在も含め、すべてこの世に生起するものは大海の表面の波しぶきのようなもので、一瞬にして現れては消えていく。しかし、表面の波しぶきではなく、海の底の大海そのものに目を向けるとき、私たちの真の実在が何であるかが分かるというのである。移りゆく表面からではなく、大海の底から見るという視点である。

この真実の大海を、すべての生きとし生けるものが自分の内に宿している。その大海は、「ハンニャハラミツ」の大海と呼ばれる究極安寧の境地なのである。観音様とシャーリープトラくんは二人で大海にゆったりと浮かんでいる。そこに至るために、信仰者は真実に「飛び込んでゆく」、ある意味やぶれかぶれの大胆さ、そして勇気が必要とされる。

そのとき、人間を救う言葉が最後に置かれた次の「マントラ」[12]である。

羯諦（ぎゃ〜てい）羯諦（ぎゃ〜てい）波羅羯諦（はらぎゃ〜てい）波羅僧羯諦（は

らそうぎゃ〜てい）

「羯諦」（ぎゃ〜てい）とは、もともと意味を持たない語で、これこそが究極の叫びとなるのはなぜか。それは赤子が母親を求めて泣き叫ぶ、「おぎゃあ」という泣き声の音写ではないかとされている。泣いて母を求めている幼子は必死だ。なりふりかまわず助けを求めて泣き叫ぶのである。つまり、「ハンニャハラミツの大海」とは一人の大きな母親の腕の中であり、そこには、絶対的な救いを信じ、求めて飛び込んでいく赤子の「助けて」と叫ぶ声がなければならないということである。

「幼子の心」は、キリスト者にとっても馴染み深いものである。このとき「幼子の心」と聞いて連想するのは、「無垢《むく》」で「純粋」な心という穏やかな状態が一般的のようだが、ここで少し見方を変えて、必死に母親に助けを求める幼子というものを考えてみるのはどうだろう。泣き叫ぶ幼子は絶対的に母に信頼する。その姿こそが「幼子の心」なのだとしたら。

そんな思いを抱きつつ「般若心経」の最後の「マントラ」を見ていると、ある一つの聖母子像が思い浮かんだ。日本でもよく知られている「絶えざる御扶《たす》けの聖母」と呼ばれるイコンのことである。十六世紀頃にギリシャのクレタ島で作られ、後にローマに渡り、今ではカトリック修道会のレデンプトール会によって保存され、世界中に知られるようになった、あの有名なイコンである。

このイコンは、全世界に数多く配布されたことから、目にする機会も多い聖母子像である。聖母の左右には大天使聖ミカエルと聖ガブリエルが描かれ、幼子イエスのサンダルは脱げ落ちそうになっている。幼子イエスが全力で、必死になって聖母のもとに走ってきたことがうかがえる特徴あるイコンである。

クレルヴォーの聖ベルナルド[13]の祈りにはこうある。

「あなたのご保護を願って助けを求め、取り次ぎを願う者が、ないがしろにされた例はいまだかつてあり

「絶えざる御扶けの聖母」

ません。」

信仰者がなすべきこととは、そう信頼し、無我夢中になって飛び込んでいくことなのではないか。そうして飛び込んでいけるところ、それが「救い」の場である。

【注】

12 サンスクリット語で、本来的には「文字」「言葉」を意味する。「真言」と漢訳され、大乗仏教、とくに密教では仏に対する讃歌や祈りを象徴的に表現した短い言葉を指す。宗教的には讃歌、祭詞、呪文などを指す。

13 九～十世紀に生きたシトー会クレルヴォーの大修道院長。新修道院の設立に努め、その数は約七十にも及ぶ。祈りと観想、研究と執筆、修道士たちの養成に尽力したほか、十字軍の派遣やテンプル騎士団の正式認可の支援など、多方面で活動した。

11　「無慈悲の知」

——最新脳科学が解き明かす人間性と歴史の教訓

最近、手にした本で最も刺激的でショックであったのが、脳（認知）科学者・中野信子さんの『ヒトは「いじめ」をやめられない』と、『シャーデン フロイデ―他人を引きずり下ろす快感』の二冊だった。読後、この本の人間洞察という面によって、脳科学の見識を歴史の人間理解に応用できると確信した。

この十年ほどの間に、脳（認知）科学の研究は飛躍的な進化を遂げている。学会に提出される論文の数はここ数年で、二千を超えるほどの発見の連続だそうだ。従来、ＭＲＩ（磁気共鳴画像）の断面的な静止画でしか見ることのできなかった脳内の機能が、ｆＭＲＩ（機能的ＭＲＩ）の登場によって、動画で把握可能となったからである。その結果、人間行動の原因には、はっきりとした「脳内物質（ホルモン）」の関与が突きとめられている。

中野さんの指摘で私がとくに衝撃を受けたのは、「愛や正義が麻薬のように働いて人々の心を蕩《とろ》かし、人々の理性を適度にまひさせ、幸せな気持ちのまま誰かを攻撃できるようにしてしまう」という言葉だった。

つまり、人間は愛と憎しみの行動を同じ理屈をもって平気で行うことが脳の機能から説明でき、それが同じ脳内物質の仕業だというのである。これが「大切な仲間」意識と「いじめ」との表裏一体の関係を説明する鍵と言える。

脆弱《ぜいじゃく》な人間は「種《しゅ》」を残すために社会集団を作り、協力的行動をとる。その社会集団にとっての最大の脅威は、外からの「敵」ではなく（外敵の存在はむしろ団結を促す）、内部から集団を破壊する力である。集団の中にあって協力行動をとらない、あるいは邪魔する「フリーライダー」（ただ乗り）の存在は許されなくなる。それに敏感になる集団は「向社会性」を高めた状態、つまり自分たちの中でしか物事を見なくなるのである。

そうなると働き出すのが「裏切者検出モジュール」、すなわち誰が集団にとって害となるかの「犯人捜し」である。その対象が特定されれば、集団を守るための行動として「制裁」（サンクション）が起こり、すぐに過剰な制裁（「オーバーサンクション」）を惹き起こしてしまうのである。「正義のため」「愛のため」という大義がいつしか「快感」となって、その行動がやめられず、次第にエスカレートしていく。それが「いじめ」という現象である。

社会的に適切を欠いたとされる人物を、SNS[14]などを使って匿名で徹底的に叩こうとするのは、「いいね」で賛同されることで「社会的承認欲求」を満たしてくれる「快感」が原因で、それは「いじめ」とまったく同じ構造なのである。

私たちの身近に存在する「いじめ」の構造は、実は、人間が歴史的に連綿と繰り返してきたことでもある。「人間性」というある意味、人類が尊ぶべき価値は、それとまったく同じ理屈で「残酷性」とも結び付いていることがしばしばなのである。

教会史上、社会で行われた「過剰制裁（オーバーサンクション）」の例は数限りなく存在する。宗派間の戦争、ユダヤ人への迫害、異端審問所における制裁、陰惨な魔女裁判などなど、枚挙にいとまがない。

その際、もっとも嘆かわしいことは、そうした行動の当事者たちが、自分たちは「間違ったこと」「残虐なこと」をしているとは露ほども考えていないということである。むしろ、彼らは「義のため」「善のため」「愛のため」に行動しているのだと信じて疑わないのである。聖地奪還に燃えた中世の十字軍は、通過する町々でユダヤ人の大量虐殺を繰り返した。カトリックとプロテスタントは互いを異端と非難し、血なまぐさい殺りくを繰り返した。しかし、そうした残虐行為が「悪」だとは当事者には思いもよらなかったのである。

教皇ヨハネ・パウロ二世が西暦二〇〇〇年のミレニアムを迎えるにあたって行った「歴史の謝罪」には、そうした行動の無知と傲慢に対する深い反省が込められていた。

脳科学が指摘する「人間性」に、果たして「救い」はないのだろうか。人間とは本来そういうものなのだから、この先も集団による「いじめ」や、歴史上の「残虐」は致し方ないのだろうか。

しかし、もし「救い」があるとするなら、それは、まさに当の脳科学が、私たちにそうした人間の現実を気付かせてくれたという事実かもしれない。この発見によって私たちは、「人間性」の現実を「意識」し続けることが可能になったのである。

人間とは脳構造的に見て、同じ動機の下《もと》で「博愛」にも「迫害」も起こし得る存在だという現実を、常に意識することができるようになった。

「いじめ」に加担している自分、社会的弱者を容赦なく攻撃している自分というものにはっきりと気付くとき、その行動にストップをかけることも難しくはない。ギリシャの哲学者は「無知の知」という言葉で、理性の真理の道を示した。
人類が、「人間性とは常に諸刃《もろは》の剣《つるぎ》である」という意識を持ち続けるために、私は「無慈悲の知」を意識すべきではないかと考えている。人間は知らないうちに「無慈悲」になり得るのである。「慈悲」を行わない傾向を持っているという自覚こそが、「慈悲」を保ち続けるための唯一、最善の方法なのではないだろうか。

【注】

14 「ソーシャル・ネットワーキング・サービス」の略。ｗｅｂ上で社会的ネットワークを構築可能にするサービスのこと。狭義は、人と人とのつながりを促進・サポートする会員制のサービスのこと。

12　キリスト教の歴史的功罪を問う人びとの声

「長崎・天草地方の潜伏キリシタン関連遺産」の世界文化遺産への登録が決定された。喜びにわき立つキリスト教関係者の声と共に、ネットを中心に「キリスト教は世界中で何をしてきたのか」といった批判記事も目立って多くなってきている。ネットの影響力は侮《あなど》れない。相手にしないでは済まされないのが、昨今の情報社会の現状である。

先日、あるテレビ局から「キリシタンは五十万人の日本人を奴隷として外国に売り払った」とネット記事にあるが、その真偽のほどを解説してほしいという依頼を受けた。

そうした発言の大半は、歴史についての誤解か無知、あるいは意識的な悪意ある捏《ねつ》造《ぞう》に結び付いている。「相手にしなくていい」というのが本音だ。しかし、だからと言って反論の労を惜しんでいると、ネット上のキリスト教への攻撃は加速し、広がり続けるばかりだ。専門的な観点から言わせてもらえば、「実証可能な史実」を確認することのみが大切である。

十六、十七世紀の「キリシタン」は、公共の場において大きな活動を行うことを許された。しかし、それはキリシタン大名の庇護《ひ》を受けることのできたわずか十数年ほど（一五七四年ごろから八七年ごろ）の期間でしかない。

つまり「キリシタン」が積極的に海外貿易に関与するとすれば、この時期しかないのである。この間、五十万人もの日本人を海外に送り出すとすれば、年平均で四万人から五万人、月にして四千人の人を年中休みなしに移送し続けなければならないことになる。常識的に考えても、それは到底無理な話である。

マカオと日本の帆船往来は、東シナ海の風向きに左右されるため、その航路が確保されるのは通年ではなく、わずか数カ月の限定だった。一隻の船は当時、最大級でも六〇〇トン、三百五十人収容するのが限界である。五十万もの日本人を海外に連れていく船舶組織と航行システムが、いったいどれほど膨大なものになるのか。その証拠となる資料は、文書・遺物ともに皆無である。

そもそも「キリシタン」と一括《ひとくく》りにしていることも疑問である。この言葉が大名を指すのか、信徒なのか、イエズス会宣教師なのかポルトガル商人なのか、日本人なのか外国人なのか。細かい記述をここで逐一挙げるわけにはいかないが、次のことについては、歴史的事実としてすべて確認できる。

◆豊後・薩摩間の争いで敗戦側の領民が捕虜となり、「人身売買」の対象となったこと。

◆豊後捕虜の中には、確かに島原半島などで奴隷売買の対象とされた人びとがいたこと。

◆九州に入った秀吉はそうした事実を知って驚き、「奴隷売買」の停止《ちょうじ》の令を発したこと。

◆外国商人との仲介役の日本人商人の中に、キリシタンがいた事実は否定できないこと。

◆宣教師は、商人たちに奴隷売買を禁止しようとしたが、罰する（教会）法的な強制力を持たなかったこと。

こうした幾つかの史実を巧みに組み合わせて、キリスト教は日本にとってひどいことをしたという結論にもっていくことは、それほど難しいことではない。

キリシタン信徒の商人による奴隷売買の関与については、一六二〇年ごろにキリシタン信徒組織が作った規則集の罰則規定に、「ひとあきないをしてはならない」という項目があることから、自戒の意味も込めてキリシタンの中でそうした行為をしていた人を咎めているのが証拠である。それは、「個人的にそういう者がキリシタンの中にはいた」というレベルでしか語れない事実である。人身売買という行為が、「キリシタン」特有の組織的行為のように言うのは論理の飛躍だと言える。秀吉も「奴隷売買の停止《ちょうじ》」を命じているが、それが「バテレン追放令」と同類の文書の中にあるため、「奴隷売買の停止《ちょうじ》」の主語が「伴天連」たちの違反行為であると誤解させる結果になってしまっている。このあたりのことは、もっとじっくり解説する必要があると思われる。

ポルトガルもスペインも、キリスト教の名の下《もと》に世界を「征服」するために躍起となっていたことは一面、真理ではある。しかし、事実はもっと複雑である。遠藤周作の小説『銃と十字架』はまさに、片手に武器、片手に十字架を持って来日したヨーロッパ人の欺瞞《ぎまん》というものに、根源的な問いを投げかけた。しかし、主人公の（福者）ペドロ岐部は、「キリストの教え」と「ヨーロッパ（人）」とが必ずしも同じではないことを、「日本人として殉教する」ことによって示した。「魂の問題」は、国や人種の枠を越えてなお真理であるということを、命懸けの究極の行為で証しした日本人が確かに存在したということに、福者ペトロ・カスイ岐部の大きな意義がある。

キリスト教（カトリック）が話題になり、世間一般の評価が高まると、それに比例するかのように「耶蘇《やそ》ぎらい」の声も音量を増していく。キリスト教はそれほど立派でも平和的でもないだろうという主張を展開することによって、バランスをとっているかのようである。ある意味、そうした批判はキリスト教徒が謙虚になるためにも必要で、また、ありがたいことなのかもしれない。

キリスト教は、真に人びとの幸福を願い、宗教本来の目的を意識して、過去の歴史と静かに向き合う必要がある。事実は何であったのか、誤解や誤り、捏造《ねつぞう》に振り回されることなく、そうした認識の上に立って、私たちは過去の歴史を反省し、幸福追求というキリスト教本来のメッセージを、私たち一人ひとりの「信じる」生き方を通して示していけるようにしたい。

13　真の「英雄」とは？

――映画『ハクソー・リッジ』と『沈黙―サイレンス―』との奇遇な一致

「東西交渉史」、すなわち日本と諸外国がどのように出合ったのかを問い続けて、かなりの年月が経つ。

そしてそのすべての考察は、「日本人とは何か」という一つの問いに集約される。本エッセーでは、以前から映画『沈黙―サイレンス―』を題材に、「日本人とは」という問いを考えてきたが、この夏、その思考の幅を広げてくれるような映画に出合った。メル・ギブソン監督の『ハクソー・リッジ』という映画である。

奇遇にも、これは『沈黙―サイレンス―』と同じ二〇一七年に公開された映画で、（撮影は両方共、二〇一五年から一六年）、主人公を演じるのは同じアンドリュー・ガーフィールドというハリウッドの若手俳優だった。さらに映画の舞台はどちらも「日本」。そして「神の前における人間」、「信仰」および「信念を貫く」という共通テーマが語られていた。

キリストの受難を強烈に視覚化した映画『パッション』の監督としても知られるメル・ギブソンは、マーティン・スコセッシと同じく熱心なカトリック教徒である。偶然の共通性を持つ二つの映画の誕生に、私は何か摂理的とも言える感動を呼び起こされた。

映画の主人公は、第二次世界大戦時に米軍の衛生兵として従軍したデズモンド・ドスという実在の人物である。軍隊に志願したものの、キリスト教信仰の理由から決して「人を殺さない」と誓い、軍隊内で差別や嫌がらせを受けながらも[15]「良心的兵役拒否者」の地位を得て、衛生兵として人命を救う役割に徹する条件で戦地に赴いた。そして派遣された戦場、それが沖縄だった。

沖縄・浦添城址《じょうし》の「前田高地」で行われた日米両軍の壮絶な激戦を知っている日本人が、いったいどれだけいるだろうか。

上陸してきた米軍を急傾斜の崖地（百五十メートル）の上に陣取った日本軍が迎え討つという構図で、崖を攀《よ》じ登った米軍は日本軍と壮絶な銃撃戦を繰り広げた。その崖の形から米軍は「弓鋸《ゆみのこ》」、すなわち「ハクソー・リッジ」と呼んでその攻略に死力を尽くした。この決戦でほとんどが帰らぬ人となる中、ドスは銃弾の飛び交う中を自ら崖を上り下りし、そこで瀕死の重傷者を手当てし、背負って自陣に帰還するという行動を続けた。彼が救済した者の数は七十五人にも達し、その中には敵である数人の日本人負傷者もいたという。戦後すぐにドスは、「良心的兵役拒否者」としては史上ただ一人、政府から名誉勲章を授与されている。

俳優のガーフィールドは、ロドリゴとドスという二人の主人公をどのような気持ちで演じ分けたのだろう。

自身の俳優キャリアの中で、一年以内に続けて撮影した二つの映画の共通点に彼が気づかなかったはずはない。

二人の主人公は「信仰」をもって「神の前の人間」として生きながらも、突き付けられた過酷な現実に苦闘する。

『沈黙―サイレンス―』の撮影時には、宣教精神を学ぶべく本物のイエズス会員から『霊操』の手ほどきを受けたほどに入れ込んだとも言われているガーフィールドである。主人公が相手にする敵対者が、どちらも「日本人」であることの感想を彼に直接聞いてみたい気持ちになった。

衛生兵ドスは、「神の掟に従って人を殺さない」と決意しながらも、人殺しの戦場に置かれる。他方、『沈黙』のロドリゴ神父は「神の掟に従って信仰を捨てない」と決意しながら、棄教を迫る恐ろしい拷問の場に立たされる。

その結果、戦士としては失格者でも、救護活動を通して七十五人の命を救ったドス。宣教師としては失格者でも、目の前の人びとの苦しみを救ったロドリゴ。

結果として、英雄か臆病者か、人道主義者か、棄教者かとレッテルを貼ったのは後世の人間である。しかし、こうしたレッテルが当人たちにとってどれほどの意味があるのだろう。その解釈は千差万別でいいと私は思う。

それよりも、どちらの主人公にもその周辺を見回すと、多くの無名の人の姿が浮かび上がっていることに気付かされる。

メル・ギブソンは『ハクソー・リッジ』公開の監督メッセージで次のように述べている。

「デズモンド・ドスは特別の存在だ。そして彼が英雄である理由を挙げるとすれば、彼が謙虚であることだ。実際、映画化の許可を求めても、ドスは何年もの間、繰り返し断ってきた。彼は、『真の英雄は大地に眠る人だ』と主張していた。」

（映画広報　監督の言葉から）

「良心的兵役拒否」はアメリカでは建国当時から存在し、第二次世界大戦中も認められていた。戦争に参加しないという選択肢があったにもかかわらず、ドスは自らを〝良心的協力者〟（映画公式サイトから）と呼んで従軍した。

「真の英雄は大地で眠る人だ」。この言葉の重みを噛み締めたいと思う。なぜならそれは、日本の大地に眠る「殉教者」のことを思い起こすよう促しているようにも思えるからである。

【注】

15　国家組織の暴力装置、とりわけあらゆる形態ないしは特定の状況下の戦争に参加することや、義務兵役されることを望まないこと。当人の良心に基づく信念によって兵役を拒否する者を言う。宗教の信条によるものが多いが、政治的・哲学的な背景に基づくものや、政府の外交・軍事政策に反対して拒否する者もいる。

14　家族の絆と信仰

十月六日、京都のカトリック河原町教会で「日本一八八福者」列福十周年を祝うイベントがあり、講師として参加した。この日は、歴史的には「京都大殉教の日」とされていて、とくに京都の殉教者たちに想いを馳せた。

殉教者を想うとき、それを単なる歴史上の出来事としてだけ振り返るわけではない。「信仰のために命をささげた」人、すなわち「殉教者」を祈念するとは、私たちの信仰を見つめ直すことに他ならないからである。

一六一九年、徳川将軍・秀忠《ひでただ》の命《めい》で五十二名のキリシタンが京都・鴨川の六条から七条の間で火炙《あぶ》りによって殉教を遂げた。京都の「ダイウス町」に住む信徒たち、中でも、ヨハネ橋本太兵衛の妻テクラと五人の子供の壮絶な最期が記録されている。

母テクラは毅然として十字架に向かい、子供たちを抱きかかえ、「心配ありません、すぐに終わりますから」と励まし、「イエスとマリアのみ名」を唱え続けて果てたと伝えられている。

このテクラ母子の壮絶な最期は、演劇などでもよく取り上げられるようだが、近いところでは、ＮＨＫ大河ドラマの『軍師官兵衛』（二〇一四年）に登場した武将・荒木村重の妻「だし」の最期に、この史実が重ね合わされていた。戦国の女性としての凛々《りり》しさと信仰故に殉ずる潔さが印象的だった。

日本一八八福者殉教者の選定に当たって、当時、日本カトリック司教協議会列聖列福委員会の委員長であった故・溝部《みぞべ》脩《おさむ》司教の意向で、これまでの列聖・列福が司祭と聖職者中心だったことへの反省がなされた。

「信徒の教会を見つめ直す」との意図から、列福対象者には多くの信徒が選ばれた。とくに、京都の橋本一家は、「家族の絆」と「信仰」という課題を私たちに思い起こさせる信徒福者の代表と言える。

母親テクラが、まだ物心ついたばかりの幼いルイサを抱きかかえ、他の子供たちも母の足元に寄り添い、炎に包まれていく。ある人は、子供だけでも助けてもらえなかったのか、子供を道連れにするのはおかしい、などと言うかもしれない。親が信じていることを子供に押し付けていると考えるかもしれない。

しかし、その批判は的はずれだ。逆に私はここに、母親の「信仰」と「家族の絆」の切っても切れない関係を見る思いがする。なぜなら、「信仰」は家族の絆によって育まれるという真理に目を開かれるからである。

十七世紀のキリシタン時代の「信仰」といえば個人的契機でというよりは、むしろ、属している集団の影響が強かったように思う。その代表的な核となるのが「家族」である。「信仰」は家族の絆の中で成長し、地域（共同体）の支えによって守られると言える。

例えば、キリシタン時代から「潜伏」時代を通じて浦上村の信仰の基盤は、いうまでもなく「家族」であった。「浦上四番崩れ」の際に、役所で意気地をなくして「棄教」を宣言して戻ってきた男たちを、妻たちが叱って家に入れなかったという話も残っている。こうして、危うくなった「信仰」を取り戻すきっかけになるのも家族の絆であった。

現在は、キリスト教に接する機会が多く、成人後の個人的な受洗も少なからずある。しかし、十六世紀には、やはり「家族」が中心であった。一方で、現在の教会を見渡すとき、その「家族力」と「絆」が非常に弱くなっている印象を持つ。歴代の教皇が

「家族」の尊さを繰り返し説かれるのは、そうした現状への深刻な憂慮からだろう。まだ幼く、自分の考えを持っていない子供たちは、「親の背中を見て育つ」ということである。親が大切にし、徹底してコミットメント（関与）している姿から子供は学んでいく。[16]シスター渡辺和子さんのエッセーにあったエピソードだが、学校の保護者会で自分の子供が勉強しないと親たちが異口同音に嘆くので、「お母さんの中で、勉強して学ぶ姿勢を子供に見せている方はどれぐらいおられますか」と逆に質問したところ、その晩から一人のお母さんがミカン箱を机代わりに毎日、本を読み始めた。そうしたら子供が一緒に勉強するようになったそうである。そこにはまさに、「親の姿」を見て育つ子供の姿がある。「信仰」もまったく同じプロセスで伝わると私は考えている。

親が心から信じているから、子供もそうなるのである。逆に親がいい加減で、パートタイム信者なら、子供も同じようにそうなる。信徒のある母親が、子供には幼児洗礼を受けさせないと言ってきた。その理由は、「子供が成長したとき、自分の力で選べるようにさせたいから」と。

これは一見物分かりのよい親の発言であるかのように聞こえるが、それは親が徹底して「信仰」に生き、普段からその姿を見せている場合にのみ有効な発言のように思える。

橋本テクラは芯の強い人であった。しかし、それ以上に彼女の子供たちを愛する心は強かったはずである。そのテクラは死に赴くとき、子供たちの手を決して放さなかった。そして子供たちもそれ故に安心し、あの恐ろしい火刑の場にあっても泣き叫ぶことがなかった。橋本テクラに学ぶことは「家族の絆」と「信仰」という、私たちが今、最も真剣に呼び起こさなければならない事柄のように思えてならない。

【注】

16 ナミュール・ノートルダム修道女会会員（一九二七―二〇一六）。一九三六年の「二・二六事件」で、反乱軍の若手将校らによって、旧陸軍の教育総監だった父・渡辺錠太郎を目の前で暗殺された体験を持つ。修道会に入会後は米国で教育学を修め、帰国。三十六歳の若さで、ノートルダム清心女子大学の邦人初の学長に就任した。その後は、学校法人清心学園理事長、日本カトリック学校連合会理事長などを歴任し、多数の著作や講演活動を行った。

15　大友宗麟の器の大きさ

大学生たちと、戦国時代の日本に移入された西洋思想を考えるなか、日本人の習慣を変えた事例として大友宗麟の時代をとりあげた。そこで、この大名の人柄と器の大きさというものにあらためて気付かされた。

大友宗麟といえば、戦国大名としても、またキリシタン大名としても有名ではあるものの、その人物像は全国的にあまり知られていない。一時は六カ国の守護大名として九州に覇を唱えた宗麟だが、現地の人の評価もあまり芳しいとは言い難い。

これは彼がキリシタンとなって、亡国の原因をつくったとの考えから来るものだろう。江戸幕府の下《もと》ではキリシタン禁制が徹底されたので、江戸幕府の視点でものを見るとき（江戸史観）、キリシタンは「邪教」以外のなにものでもないとして語られるのが常であった。

明治になって九州では、福岡と熊本にスポットライトが当てられたが、その中でもなぜか大分は一歩退いた印象を受ける。しかし、大友宗麟が統治した領土で展開した歴史を詳しく見るとき、人間・宗麟の尽きせぬ魅力というものに思い至る。

フランシスコ・ザビエルと会見してから洗礼を受けるまでの四半世紀、宗麟のキリシタンとしての行動は次第に成熟していったものと思われる。一五五七年、宗麟は豊後府内にあった自らの居館の二ブロック先（すなわち城内）に、宣教師たちの住居を提供した。そこに、よく知られた「豊後府内病院」がルイス・デ・アルメイダらによって造られた。この病院の特徴は、内科と外科の診療所および薬局という施設のみではなく、行き場をなくした「重い皮膚病」の患者たちを保護したという点にある。

当初、「貧者の宿」とされたこの建物は、後に「慈悲院」の名のもと、信徒たちが結成した「慈悲の組」の本部の役割も果たした。ヨーロッパにあった「慈善院」のような施設は、どこにおいてもほぼ例外なしに城壁の外（つまり町から追放される）に置かれていた。日本においても[17]「悲田院《ひでんいん》」などが設けられたようだが、そうした実際の状況はさらにひどいものだった。ところが宗麟は、そうした施設を自分の居館の脇に、家臣団からの強い反対をも押しきって建てさせているのである。

古くからある[18]「触穢《しょくえ》」という思想が定着していた日本社会の常識を、宗麟は確実に覆しているのである。そしてその原動力となったものこそが、キリスト教の「慈悲の精神」だった。「慈悲の組」は、葬儀の費用を賄《まかな》えない人たちへの援助のため、「慈悲の箱」という献金箱を本部の門前に置いていたことも分かっている。

宗麟に促されて、貧者の世話を始めた「慈悲の組」の信徒たちは、それまでの日本人の死生観を覆す大胆な行動に出る。すなわち、埋葬と葬儀の荘厳さ、美しさに全力を挙げるという行為である。通常、行き倒れた死者は、[19]「三昧《さんまい》聖《ひじり》」と呼ばれる人びとが埋葬するのが常であったが、「慈悲の組」の信徒たちは、貧富の差に関係なく、行き倒れの死者を見つけるや、遺体を引き取って丁重に埋葬したのである。そして荘厳な行列と共に「ミゼレーレ」(主よ、あわれみ給え)を合唱し、天国への「はなむけ」として死者を送り出した。その豪華さに圧倒された周辺の人びと三千人が、見物に押し寄せたという記録が残っている。

また、府内の病院では「奇跡的治癒《ちゆ》」というものも存在したようである。キリシタン信仰は周辺の村々に飛び火していったとされるが、その大きな原因の一つに「癒やされた」村人の存在があり、その治癒の事実が口伝《くでん》で残されているということを、地元の郷土史研究家にうかがったことがある。ただし、病院の処方する薬を目当てに「受洗」を希望する者に対しては、宣教師たちが厳しくその入信の動機や信仰内容を吟味していた。こうしたことは、キリシタン大名・大友宗麟が許可した、日本においては例外中の例外の出来事からすべて生じているのである。

さらに、九州のキリシタンを語るとき、そのほぼ全域に彼らの痕跡が存在しているような錯覚が持たれるが、実は長崎周辺を除いて、キリシタンの栄えた地はほぼ「大友宗麟領」に限定されていることに気付いている人は少ない。

私はこれを大友宗麟、有馬晴信、大村純忠という三大キリシタン大名の領地を結ぶ「キリシタン・ベルト」という表現で説明し続けているのだが（残念ながらまだ定説にはなっていない）、それは明らかに、大友宗麟の意志を反映した領域となっている。

大友宗麟は、来日した宣教師たちがあまりにも自国の文化に固執し、日本への「順応」をないがしろにする姿勢を見て厳しく彼らに意見したことがある。「日本人に宣教するのなら、日本流を重んぜよ」という極めて当たり前のことを外国人に説教できたのは、彼らと信頼関係を構築した大友宗麟ならではの行動だった。

結果的に、イエズス会の巡察師ヴァリニャーノ[20]は「茶の湯」の大切さを宣教師たちに説くことになる。戦国大名は皆、天下統一を夢見て「都」へ上洛した。これは事実である。ところが、天下統一に興味を示さなかった強豪というものもまた存在した。都から遠いという地理的な困難が幸いして、大友宗麟の目は京の都ではなく、海の向こうに注がれていた。そして、宗麟は「キリシタン」故の発想転換も平気で行っている。そこに、私はヒューマニストとしての大友宗麟の魅力を感じている。

地元・大分では、この宗麟を大河ドラマの主人公にという声もないことはないが、人間・大友宗麟のスケールと魅力を効果的に語るストーリーが描き出されることを願うばかりである。

【注】

17 七二三（養老七）年、仏教の思想に基づき、生活困窮者や孤児などを救済するために設けられた施設。聖徳太子の妻・光明皇后が奈良の興福寺に施薬院と悲田院を設置したとの記録が『扶桑略記』に残っていて、これが記録として最古のものとされる。（異説あり）

18 「そくえ」とも。神道において不浄とされる「穢」（穢れ）に触れて汚染されること。後に陰陽道などとも結びついて、中世日本の「触穢思想」へと広がった。

19　下法師、廟聖とも。死者の埋葬に付き添う僧侶のこと。「三昧」とは本来、念仏三昧、法華三昧など、専心するという意味であったが、平安時代以降、墓所を意味する「五三昧」となり、もっぱら埋葬や墓守の務めに従事する仏僧に用いられるようになった。

20　安土桃山時代から江戸時代初期に、日本で活動したイエズス会宣教師（一五三九―一六〇六）。フランシスコ・ザビエルに次ぐ、東洋における宣教事業の偉大な指導者。インドおよび極東におけるイエズス会の巡察師を二度も務め、異文化への順応方針、組織だった宣教活動、要理教育の要項、宗教文学など、各方面で多大な影響を残した。一五八二年の「天正遣欧少年使節」派遣の発案者でもあり、日本人司祭育成の重要性を見抜き、セミナリヨ（小神学校）、コレジオ（大神学校）の実現にも尽力した。

16　伝統を紡《つむ》ぐ

待降節に入るとクリスマスの飾り付けをし、公現の祝日を過ぎると飾りを片付ける。毎年、繰り返している習慣である。

この時期になると、いつも一人の学生のことを思い出す。名前は仮にA君としておく。時の経つのは早いもので、彼と大学で共に活動していた時から早や、二十年の歳月が流れた。

私の勤める大学では、クリスマス・イブに大学主催のミサを学内で行う習慣が今でもある。以前は、聖堂に見立てた大教室が大学正門から最も遠い場所に位置していたため、ミサに参加する人は大学構内の暗がりの道を凍えながら歩いて行くのが常であった。「みんな、喜びに来たのに、寂しそうだ」。新入生の時にそう感じていたA君はある決断をし、上級生になると、すぐに行動に出た。学生部長に直談判し、聖堂までの道に「イルミネーションを設置してほしい」と願い出たのである。

当時はまだイルミネーションを点灯することは珍しく、ごく限られた商業施設のアトラクション程度の存在に過ぎなかった。しかし、A君は本気だった。「光を見た人たちの心がすこしでも温かくなるように」、沿道すべてでなくとも、曲がり角の一つの木だけでも光を灯したい。これが彼の望みだった。

A君はカトリック学生の会に属していたので、「イルミネーション設置をサークルの活動にしたい」と仲間にも思いを打ち明けた。すると最初、仲間たちは困惑し、無駄なことだ、資金はどこから来るのか、なぜそのような無茶なことを言い出したのかとA君の提案に反対の声をあげた。やがて、A君の思いを察した何人かの仲間が賛同に転じた。同時にA君は、大学当局に「御百度《おひゃくど》」を踏んだ。彼の熱意に根負けした学生部長が、「特例ではある」としながらも設置の許可を与え、しかも必要な援助金まで用意してくれた。

そして、待降節の日没後、夕闇に包まれたキャンパスの一本の木に光が灯った。今ではLED電球が開発されて、イルミネーションの光の威力は一変したが、当時は風で吹き飛んでしまいそうな繊細な光の粒が一面に広がったように見えて、それはそれで奥深さを感じたものである。

光には「ぬくもり」がある、そう実感したのは、この時が初めてだった。それは確かにA君の心から伝わった熱だったに違いない。一本の木が見事に主の降誕を祝う灯《ともしび》へと変容し、過ぎ行く人びとの心を照らし、温めたのである。

その結果を見た大学当局は、今後、学生の力でそれを続けるならと、毎年少しずつ光を増やしていくための資金提供を約束してくれた。大学構内のイルミネーションには、こうして学生たちが自主的に始め、そして守ろうとした特徴があったのである。

この「イルミネーション」（光のぬくもり）の話には、悲しいエピローグを付け加えなければならない。

情熱家であったA君は卒業後、ある高校に教職を得て、持ち前の明るく、人への思いやり深い性格からすぐに人気者の教師になった。卒業してからも彼は、クリスマスには後輩たちを訪ね、イルミネーションが年々成長しているのを見て心から喜んでいた。

ところが、卒業して三年後、私たちのもとに、A君の訃報がもたらされた。彼を知る誰もが驚き悲しみ、その事実を受け入れるためにはかなりの時間がかかった。

その年、A君を慕っていた大学のカトリック・サークルの後輩たちの手によって、あの「光のぬくもり」が再現された。A君の死に涙した後輩たちは、その「弔い」の心を込めて光を点灯したのだが、その時の彼らの表情には、鬼気迫る何ものかを感じさせるものがあった。

A君が放つ情熱の薫陶《くんとう》を直接受けた後輩たちも次第に卒業していき、やがてA君のことを知らない後輩たちが入学してきた。残念なことに、十年もすると大学内に灯されるイルミネーションは、大学が設置した、どこにでもあるような季節の風景にとって代えられた。当初の「心」を語る者がいなくなったのと同時に、イルミネーションの持つ意味もまた変わってしまったかのようだった。私はその「初めの思い」を知る人間として、そのことを継承していけなかった自分を責めている。声を大にしてA君の意志を語り継ぐべきだったのに、それができなかったことへの深い反省を込めて。

「伝統」とは何だろう。それは人から人へと伝えられるものであって、しかも、当初持たれていた強い思いを、共有していない後の世代へ受け継ぐこと。それが伝統というものだろう。そしてそれは、事を始めた人よりも、より大いなる情熱を用いてこそ伝わるものにちがいない。

思えば、初代教会の使徒たちはキリストの「復活体験」を伝えるべく、声を大にして活動した。そして、それを「信仰の遺産」として、「復活体験」をしていない人びとに熱意を込めて伝えたのである。

日本の「潜伏キリシタン」たちは、先祖の信仰を「伝える」ために、組織を守り、伝承を大切にし、そして希望を持って待ち続けることを心掛けた。長崎の「信徒発見」の出来事もまた、そうした「伝統」を受け継ぐ意志が結実したものと言えるだろう。「伝統」とは、心して（日々意志を新たにして）紡《つむ》いでいくものなのである。

ことしも、私の心の中に灯ったあの「光のぬくもり」は、時が経った今もなぜかまったく「色あせることなく」、あの時の弱々しさの中にも意志の強さを示してくれたのと同じ姿で灯り続けている。

17 最先端の科学技術者に「歴史」と「宗教」を語ることの意味

ユヴァル・ノア・ハラリの『サピエンス全史』と題した書物が売れている。いかにして人類は生き残ってきたのかを「歴史」として捉えたユニークな作品であり、世界中で人気を博し、何と三千万部という驚異的な数値を叩きだしている。そしてその続編『ホモ・デウス』も、前作以上に刺激的な内容で、人間の飽くなき技術革新探求の将来に警鐘を鳴らす未来書となっている。

遺伝子組み換えで理想的な人間を誕生させるまでに進歩した人類について、科学は諸刃《もろは》の剣《つるぎ》であることを忘れてはならない。その進展の「負の側面」を考慮することなしには、破滅に至る道しかない。何より人間（ホモ・サピエンス）は「欲望を追求する生き物」であり、結局は欲望に任せた競争と破滅に陥るリスクは回避できないという警告の書である。

これを読んであらためて、今ほど新たな領域に踏み込む際の人間の「精神性」を問い直し、「倫理」の大切さを考える時はないのではないかと考えさせられた。

技術革新の最前線にいる人たちは、何を思っているのだろうか。最近、科学技術者と交流する機会に恵まれている。

二〇〇七年の惑星「イトカワ」から物質を採取して帰還した「はやぶさ」第一号は、そのドラマチックな展開の故に映画化されたが、このプロジェクトの主催者である宇宙開発機構（ＪＡＸＡ）の幹部の中に、面白い発想をする人たちがいる。

「自分たちは技術屋で、ずっと科学のことしか考えてこなかった。ぜひ歴史学の見識から学びたい」と言ってこられたのである。「現在進行中の惑星探査や月面探査プロジェクトの発想には、十六世紀の大航海時代の技術革新に通じる何かがある。当時の人びとを突き動かした心情といったものを学ぶことはできないか」と。

それを聞いて、科学技術者の間でも、開発の裏にある人間の心というものを、いったん立ち止まって見つめたいという強い欲求があることを感じた。その結果、「宇宙大航海時代を考える会」が立ち上がり、歴史学者で大航海時代が専門の研究者四人の中に私も加わることになり、現在、その末席を汚している。

この会合で自分は何を話すべきなのか、当初は皆目見当もつかなかった。私に期待されていることとは何か。他の研究者が語らないことは何だろうと大いに悩んだ末に、「大航海時代の精神性」というテーマに決めた。

現代の最先端を行く科学者たちに、イグナチオ・デ・ロヨラの『霊操』や、フランシスコ・ザビエルの「宣教精神」、そしてヴァリニャーノの「順応」という考えを語ることにしたのである。科学者たちにとって、このような話を聞くのは初めてだろうし、今後再び聞く機会はないだろう。これは一つのチャンスであり挑戦だと感じて、一人で盛り上がった。

十六世紀の「大航海時代」の人びと、とくにその「宣教先駆者」と呼ばれるフランシスコ・ザビエルのような人には「未知の世界」への衝動というものがあったはずである。ザビエルは現在で言うなら、さしずめスペースシャトルに搭乗するような体験をした人だ。

キリスト教と東洋宗教（仏教）との伝播《でんぱ》の境界線（宗教分界線）を、私はインドの西海岸を南北に分断する地点に引くことができるのではないかと考えているが、ザビエルはその境界をゆうに越えて、そのはるか彼方《かなた》の日本にまで達したのである。

ザビエルを強く突き動かしたのは、「魂の救い」というはっきりとした動機であり、それは、イグナチオ・デ・ロヨラの著した『霊操』の体験に起因する。この時代のイエズス会員は例外なしに『霊操』の精神を体験し、それを共有していた。『霊操』に触れることなくしてイエズス会は語れず、その結果である大航海時代の宣教の理解も得られない。ザビエルの行動の結果として、「対決ではなく、他の文化と折り合いをつけて接していく」というヴァリニャーノの「順応」の発想がもたらされた。いずれも、「異文化」の体験の中で揉まれ、失敗を重ねながら痛みと共に学ばされ、成長した結果であった。

「大航海時代」、それはただ技術革新の時代ではなく、人びとの「精神」領域の新発見の時代でもあった。

『霊操』は、「心の動きを知り、そして人間の創造された目的に従った進むべき正しい道を見極めるための方法」である。

ロヨラ、ザビエル、そしてヴァリニャーノも、混沌とした世界、新たに遭遇する新奇な未知の出来事の中に、「正しい道はどちらか」を常に確認しながら進んだ人たちだった。

「考える会」に参加された科学技術者の皆さんからは、「新しい時代を考える上で、精神的なものが重要だと感じる」、「現在の宇宙開発は、政府ばかりでなく一般企業の参入も盛んになりつつあるが、経済一辺倒の話ばかりである。そこに精神性という言葉を加えることに意義がある」などの言葉をいただいた。

こうした科学技術者らの反応を受け、「宗教」の分野で私たちは何をしなければならないのか。

あの「大航海時代」における宣教についての反省点は数多くある。また将来の宇宙空間に、既存の宗教組織が持ち込まれるかどうかはまったく不明である。人間という存在を「自己実現を追求する生き物」とするならば、私たちは宗派や党派の「自分たちだけが正義である」という「エゴ」を取り除いた新たな「共存」の道というものを真剣に模索すべき時に生きていることを、あらためて考えさせられた次第である。

18 ベアト（福者）・ジュリアンの旅

一六三三年十月二十一日（寛永十年九月二十日）。後の福者・中浦ジュリアンが「穴吊るし」の極刑を宣告されて四日目のこの日、息を引き取った。（享年65）

この時、ジュリアンと一緒だったのは、イエズス会のジョアン・マテウス、アダミ、アントニオ・デ・スーザ、クリストヴァン・フェレイラ。そしてドミニコ会のルカス、デ・スピリトサントの三人の修道士の総勢八人だった。小説『沈黙』にも登場するフェレイラが棄教した以外は、皆、壮絶な殉教を遂げた。

ジュリアンは三日間、この想像を絶する拷問に耐え、主への信頼を貫き通して、その魂を天に返した。人の死はその生涯の写しであると言われる。福者ジュリアンはまさに、その最期に象徴される生涯を送ったのだろう。

ジュリアンの生涯については、実はほとんど知られていないというのが現実である。一五八二年から同九〇年まで「天正遣欧少年使節」の一員として渡欧し、教皇グレゴリウス十三世の祝福を受けたという華やかな経歴以外、生涯の大半はきわめて「地味」で「実直」な活動の連続だったという印象がある。

　ドイツで印刷された「天正遣欧使節肖像」（写真）には、四人の少年と随行役のメスキータ神父が写実的に描かれている。一般的に、肖像画は実際よりは見栄えよく描くものだが、この絵の左上に描かれているジュリアン少年はなぜか、「醜悪」に描かれている印象がある。

　原マルチノ（写真＝左下）や伊東マンシヨ（同＝右上）はいくぶん美男に描かれているところをみると、実際の印象を画家が忠実に伝えようとしたものなのだろうか。ローマ教皇に

「天正遣欧使節肖像」（京都大学図書館）

よる謁見を記録した儀典官の言葉によれば、四人の少年たちは「日本というインド（地域）からやってきた、オリーブ色の顔をした醜い少年たち」となっている。万里の波涛を越え、三年もの歳月をかけてやって来た賓客に対する言葉とはとても思えない。しかし、逆に醜く描かれていることで、かえって人間ジュリアンへの愛着も増すというものである。

ジュリアンは自身の人生のピークをローマ教皇との謁見に置いていて、生涯、その思い出をよく語ったと言われている。また、「再びローマを訪れること」も、夢見ていたようである。帰国後、彼はイエズス会に入会し、一六〇八年に念願の司祭となってから、長崎・西坂の丘で息を引き取るまでの二十年間、九州の博多をはじめ、筑後（柳川）、豊後（中津）、北九州（小倉）辺りを頻繁に往来して、すでに禁教の下《もと》、潜伏を始めている村々のキリシタンたちを足しげく訪問して「秘跡」を運び続けた。

四百年前、宣教師たちはどのようなルートで旅をしたのだろう。長崎から島原半島、海を越えて高瀬（現・玉名）に上陸して、北上すれば筑後。南下すれば肥後、そして阿蘇山や九重連山を横切ると豊後である。芥川賞作家の森禮子さんらのグループが、実際にこうしたルートを歩かれて踏査報告を残しておられる。

私も、自身の研究仮説である大友宗麟領における「キリシタン・ベルト論」（本書「15　大友宗麟の器の大きさ」参照）を実証するため、肥後街道と豊後街道を歩いて往復したことがある。

道は険しく細い山の峠道であるが、そこには人びとの往来の歴史というものが深く刻まれている。小国という場所は、豊後街道と日田街道の交差点に当たり、近くには久重連山を見渡す旧・朽網（現・長湯）と呼ばれる温泉地もある。旅人が長旅の疲れを癒やしたこの湯治場の湯舟に、宣教師たちが混じっていたとしても、それは「よし」としよう。

ジュリアンは、ごく一般の日本人の旅装束姿で九州の街道を歩き回ったはずである。外国人ならすぐに司祭と分かるところ、ジュリアンはまず自己紹介から苦労したようだ。

彼の伝記には、西坂の刑場に到着した時、「私はローマに赴いた中浦ジュリアン神父である！」と叫んで役人たちを怯《ひる》ませたと伝えられているが、私は、謙虚でかつ高齢、控え目な性格だったジュリアンのこと。少しも声を荒らげたりせず、多くの地域のキリシタン集落で、あるいは民家の門前で、自分が何者であるかを告げた時と同じように、この言葉を静かに、しかし力を込めて発したのだと思っている。そうして、キリシタンたちはこの旅装束の見知らぬ日本人を、「司祭」だと判別できた。「ローマに赴いた」と言うことによって、人びとの疑念と警戒を解くこともできたと思われる。

キリシタンたちが司祭に期待したこと、それは「ミサ聖祭」と「ゆるしの秘跡（告解）」だった。豊臣秀吉のバテレン追放令が出た後、各地に取り残されたキリシタンたちは、司祭の来訪を一日千秋の思いで待ち続けた。長崎近郊では、告解のため司祭を求めて村人たちが一日四十キロもの道のりを往復したという記録もある。

幕府の禁教令が出され、一六二〇年代の九州キリシタンたちの「司祭」を待望する心は最高潮に達していたのではないかと想像する。

日本人司祭のジュリアンが、その姿を街道の遠くに現した時の信徒たちの安堵感は想像に難くない。旅装束の日本人は、確かにカトリック司祭ジュリアンである。あるいは、夜陰に紛れて静かに戸をたたく疲れ果てた旅人が、ゆっくりとこう告げる。「私はローマに赴いた中浦ジュリアンでございます」と。

一六三三年、初秋の風が吹き始めた西坂の丘の苦悶の三日間、穴吊りにされたベアト（福者）・ジュリアンは何を思ったのだろう。あの輝かしい「ローマへの旅」と同じく、彼は「神の国への旅」の始まりを思い巡らしていたにちがいない。そしてその「神の国への旅」には、多くのキリシタン信徒たちが従った。皆それぞれ、ジュリアンと同じくボロボロの旅装束をまといながら。かくして「地上を旅する人びと」の歩みは、「神の国への旅」と重なっていくのである。

19　科学者はいかにキリストと教会を信じるのか

素粒子物理学者で、カトリックの終身助祭でもある三田一郎《さんだいちろう》師[21]（カトリック東京大司教区）の『科学者はなぜ神を信じるのか』（講談社ブルーバックス）が大いに話題となっている。

コペルニクスからニュートン、アインシュタインなどの超一流の自然科学者は、言葉ではそう言わなくとも、宗教者が言う「神」の存在を認めざるを得ない境地に達することが多いのだと。

「神の数式」ならぬ万物の存在と生成を、一つの数学的「公式」に置き換えようとする努力が多くの天才的な人びとによって追究され、彼らは「秩序」や「調和」の美の中にそう確信するのだという。しかし、科学者はなおも追究を続ける。なぜなら明らかになった解答の向こうに、さらに難問が繰り返し提示されるからである。

そうした科学者の姿勢というものについて、アインシュタインの科学者としての言葉は印象的である。

「宇宙的宗教では、宇宙が自然法則に従って合理的であり、人はその法則を使ってともに創造すること以外に教義はない。私にとって神とは、ほかのすべての原因の根底にある、第一原因だ。何でも知るだけの力はあるがいまは何もわかっていないと悟ったとき、自分が無限の知恵の海岸の一粒の砂にすぎないと思ったとき、それが宗教者になったときだ。その意味で、私は熱心な修道士の一人だといえる。」（前掲書171～172ページ）

科学者あるいは数学的天才といえば何となく鼻持ちならず、わがままで人を見下している人物を想像してしまうことがある。しかしアインシュタインのような真の天才はその真逆の立場にいる人びとだ。真理に近づけば近づくほど謙虚になれる人びとである。彼らは、綿密な計算を果てしなく繰り返し、血のにじむような努力をし、そしてときには精神に異常を来たすほど思考を尽くした揚げ句に、自分はまだ何もわかっていない探求者だと断言するのである。宗教の側にいる私たちは、あまりにも簡単に結論である「神」の名を持ち出しすぎるのではないかと、反省させられる。こうした科学者の努力を称《たた》え、その態度から私たちは学ぶべきであろう。知り尽くすための不断の努力と、その努力の果ての「無知の知」の境地に至る謙虚さとを。そして宗教者は、「神の愛」に信頼する道を、身をもって示すべきであると。

多くの場合、科学にしても諸宗教・諸宗派にしても、表現は違えども同じ「神」の存在を肯定するとしても不思議はない。問題はその先である。キリスト教徒として、あるいはカトリック信仰者として、イエス・キリストを、そして「教会」を信じることが別の問題として立ち現れ、もう一つ越えなければならない高いハードルを示している。

「神」は肯定できるが、その神がイエス・キリストとその教会に結び付くと確信するためには、さらに何が必要なのか。

科学者として自然の摂理を探求しながら、かつカトリック教会で（助祭として）生きている方に問うてみたいのはそこである。そう思いながらこの科学者の信仰書を読み進むにつれて、何やらその答えを見いだせたように思っている。

それは三田《さんだ》師の紹介するベルギー人の物理学者ジョルジュ＝アンリ・ルメートル（一八九四―一九六六）の生涯においてである。ルメートルは「宇宙の膨張」を最初に唱えた物理学者の一人として、当初アインシュタインから激しい反論を受けるが、後に「宇宙膨張論」を証明し、さらにハッブル望遠鏡で有名なエドウィン・ハッブルの「ビッグバン理論」に先駆けたとされる研究者である。ルメートルは科学者であると同時に、カトリック司祭だった。神を信じるばかりでなく、「イエス・キリストとその教会を信じて生きる」科学者だったのである。

ルメートルが科学者であり続けながらカトリック司祭であった理由は、たった一つの文章に要約されている。それは、「第一次世界大戦に従軍して戦場の悲惨さを目の当たりにした経験から神学校に入った」（160ページ）というくだりである。

これを目にして、私の問いはみるみる氷解していった。なぜなら同じような体験が、戦前のカトリック教会を導いた日本人司祭・岩下壮一師の伝記で語られているからだ。（小坂井澄、『人間の分際』）

岩下師は第一次世界大戦終結の三年後に、ロンドンのセント・エドモンズ大神学校で司祭養成を受けている。その時、仲間の神学生の中に復員してきた学生が多いことに気付いた。しかも彼らは、大陸のプロテスタントや英国国教会からの転会者が少なくなかった。彼らは異口同音にその動機を口にしたと言う。

「あの銃弾が飛び交い、すぐそばで戦友たちが死んでいく戦場の体験は、ぼくらが以前持っていた信仰の無力さを、いやというほど知らしめた。（中略）そのとき目にとまったのが、カトリック従軍司祭たちの姿だ。硝煙と血の匂いのただよう最前線の塹壕で、死にのぞんだ兵士らひとりひとりに黙々と秘蹟をさずけている。赦しの十字架の印のためにあげられた右手、胸の聖体器からとりだされた白い小さなホスチア、そして臨終の聖なる油。これらが、いま、孤独のうちに息絶えんとする兵士にとって、どれほど大きな宗教的力となっていたことか」。（『人間の分際』323～324ページ）

死に際して、人びとを最も勇気づけ、安堵させたもの。それはカトリックの「秘跡」だった。おそらく、科学的な才能にあふれ、その道に進もうと考えていたルメートル青年は、戦場ではっきりと「イエス・キリストの救いの業」を実感した多くの青年たちの一人になったのだろう。どのような科学者や医学者でも、「死」は永遠に解けない難問である。「死」を説明する数学的公式が、科学者たちによって提示されることは永遠にないであろう。

その暗闇に射す曙光は、カトリックの「秘跡」であった。ルメートルにとって科学と信仰ばかりでなく、イエス・キリストと教会をも同時に肯定できる契機が、ここにあったのだろうと私は確信している。

【注】

21 司祭叙階される前段階の「助祭」とは異なり、生涯を「助祭職」の身分に留まって、司教と司祭に従属して、神と教会に奉仕する聖職者のこと。終身助祭は中世期に一旦消滅したが、その後、復活した。終身助祭は妻帯者にもその可能性を認めている。終身助祭の導入に関しては、教区長の判断に一任されている。

20　和紙に魅せられた異国人

歴史研究者として駆け出しの十数年前、ローマにあるイエズス会の古文書館で四百年前にルイス・フロイスが手書きした書簡を目の当たりにして、実物の放つオーラに圧倒された記憶がある。それは、四百年という時と一万キロという距離の空間を一挙に超越する感動を伴っていた。

つい数十年前の手紙と言われても信じてしまうほど、良好な保存状態のフロイス書簡。それは保存の環境というよりは、「記録」された材質そのものによる結果である。「和紙」にインク代わりに「墨」を用いて、ペンで記すというその「記録」の仕方が秀逸であった。私はこのとき、「和紙」と「墨」の底力というものにすっかり魅了されてしまった。それは、四百年前の異国から日本に来た宣教師たちも同じ思いであったろう。

宣教師たちは、来日直後、ヨーロッパで漉《す》かれたペーパーを持参してきていた。

しかし、それはつい最近まで日本でも使われていたタイプ用紙や領収書のような、極めて薄手の（透かし模様《ウォーターマーク》もはっきりとある）紙だった。しかも西洋のインクには鉄分が多く含まれているためか、文字が酸化して赤茶色に変色し、さらに穴があきやすく、しかも裏の文字がにじみ出てしまっている。長年放置され、ボロボロになっていたため、二十世紀初頭に文書館で修復作業が行われた際には、表と裏に化学物質を含んだ補強紙が貼り付けられ、原型を覆い隠している古文書が大半である。

それに反して、「和紙」による文書は何も手が加えられず、しかも当時のままの姿を今に伝えていて、今後朽ちる予感を与えない。

長年、研究のためこうした古文書の内容を調べてきたが、いつかは、この紙そのものに分析の光を当てたいという密かな望みを持ち続けてきた。そして、ついにこの春、東京大学の研究グループとの共同作業で、「イエズス会ローマ古文書館所蔵の宣教師手書き文書の紙質調査」というものを開始した。

デジタル顕微鏡観察という方法を用いて、百倍の倍率を持つ小型顕微鏡と、デジタルUSBカメラ、白色LEDライトボードといった最新機器を技術系の研究者が携え、ローマ古文書館に乗り込んで、ひたすら古文書を眺めてきた。紙を漉《す》く際に生じる紙面の痕跡や繊維の状態を調べ、紙の材質の名前や産地まで特定するというものである。

最近、キリシタン関係においては、十六〜十七世紀の刊行物（活字印刷物）の紙質調査というものが、日本でもしばしば行われるようになってきた。しかし、このような「手書き文書」（マニュスクリプト）の調査は日本では初、否、世界初であろう。ただこの分析については多くの人が、「そんなことを調べて何になるのか」と冷笑気味である。現段階でどんな結論にまとまるかは分からないが、調査結果が増えて整理されれば、和紙が世界の注目をさらに集め、評価されることは間違いないと思っている。

和紙に対する高い評価は、世界的な事実である。他の材質と違って、中世から近世にかけて日本の製紙に使われた「雁皮《がんぴ》」（鳥の子）、「楮《こうぞ》」、「三椏《みつまた》」の植物繊維は最上級の紙を生み出し、しかもその保存年数は千年を超えるとまで言われている。この日本特有の植物から作られる和紙が世界最高品質であることを、大いに誇りたい気持ちである。

今回の調査で、イエズス会の宣教師たちが「書簡」や「規則集」に用いていた紙のほとんどが、わが国における朝廷や幕府、諸大名の発給文書などに多用されたのと同じ、最高級の素材であることが判明した。事実、一五八〇年前後の織田信長の書状のほとんどは、宣教師が用いた紙と同じ素材のものである。

紙にまつわる話としては一五七一年に、イエズス会宣教師で布教長のフランシスコ・カブラルとルイス・フロイスが、濃州岐阜に織田信長を表敬訪問した際の話が知られている。表敬の返礼として信長が「八十連の和紙」を宣教師たちに贈り、持ち帰らせたとの記述が、フロイスの『日本史』にある。当初、宣教師たちに[22]「絹衣《すずし》」を与えようと考えていた信長は、フロイスらの修道者らしい質素な木綿の黒衣を目にしてそれをやめ、「宗教者には絹ではなく紙がふさわしい」と、その場で機転を利かせたらしい。八十連の紙と言えば、現在のＡ４用紙でおおよそ八万枚ほどの量に当たるはずで、宣教師たちは従者の手を借りて荷車で運び出したことであろう。信長は紙が最上の贈り物だと知って、贈答品としたのである。

さすが天下の信長。日本文化の神髄を異国人に伝えるのに、何が最も適切かを見通していたように思える。信長と宣教師は同じ産地の同質の紙を使用していて、それが遠くヨーロッパの地に今も保存されていることを思うと、大いにロマンを掻き立てられる。

歴史学とは、「記録」を根拠とする学問である。その素材は太古の時代の石碑に始まって、現在のUSBデータに至るまで、素材の種類は極めて広い。しかしそうした中で、千年後、一万年後まで残る「記録」の材質条件とはいったい何だろう。おそらく、現在のデジタルデータは五十年も経てば、全て失われてしまう可能性がある。事実、十年前にデータを記録し再生する機器は、すでにこの世から姿を消してしまっているものが多い。

もしも、私たちが何か大切なことを子孫に「記録」として残したいのなら、「雁《がん》皮《ぴ》」の和紙に「墨」で書いて、桐の箱にでも入れて、ほどほどに湿度のあるところで放置しておくのが最良という結論になりそうだ。

これはまぎれもなく、宣教師たちが深く魅了された「日本文化」の魅力の一つと言えるのではないかと思っている。

【注】

22　絹製の衣服のこと。「きぬごろも」「きもの」とも。生糸で織った、練られていない絹織物。

21 「地方教会」の歴史と日本宣教（その1）

キリスト教誕生の直後から、使徒の系譜を引く各地に多様な「地方教会」（「普遍教会」に対して土着の教会）が生まれた。今回はこの「地方教会」をキーワードに、日本宣教史の背景について考えてみたいと思う。

エルサレムに起源を持つキリスト教は、四世紀までに五大都市に拠点を持ち、ローマ帝国の「国教」となるに至った。

エルサレムとローマは別格として、次に重要な三つの拠点が、エジプトのアレクサンドリア、シリアのアンチオキア、そして三三〇年に新しく帝都となったコンスタンチノープル（現イスタンブール）である。

この三拠点の共通点は、東西交流の三つの道（海の道、オアシスの道＝シルクロード、草原の道）の起点だったということだ。つまり、人も物もこれらの町から東へと移動して行ったのである。

アンチオキアからはカパドキア、アルメニア、シリアの各教会が。コンスタンチノープルからはいわゆる東方教会（ギリシャ、ロシア、ウクライナ）が、そしてアレクサンドリアからはエチオピアやコプトの教会が人の移動によって成立した。

大切なことは、これらの各教会が、行く先々の「言語」と「習慣」を巧みに取り入れて変化しながら、独自の礼拝形式（「典礼」）を生み出していったという事実である。

ところで、古代から中世初期

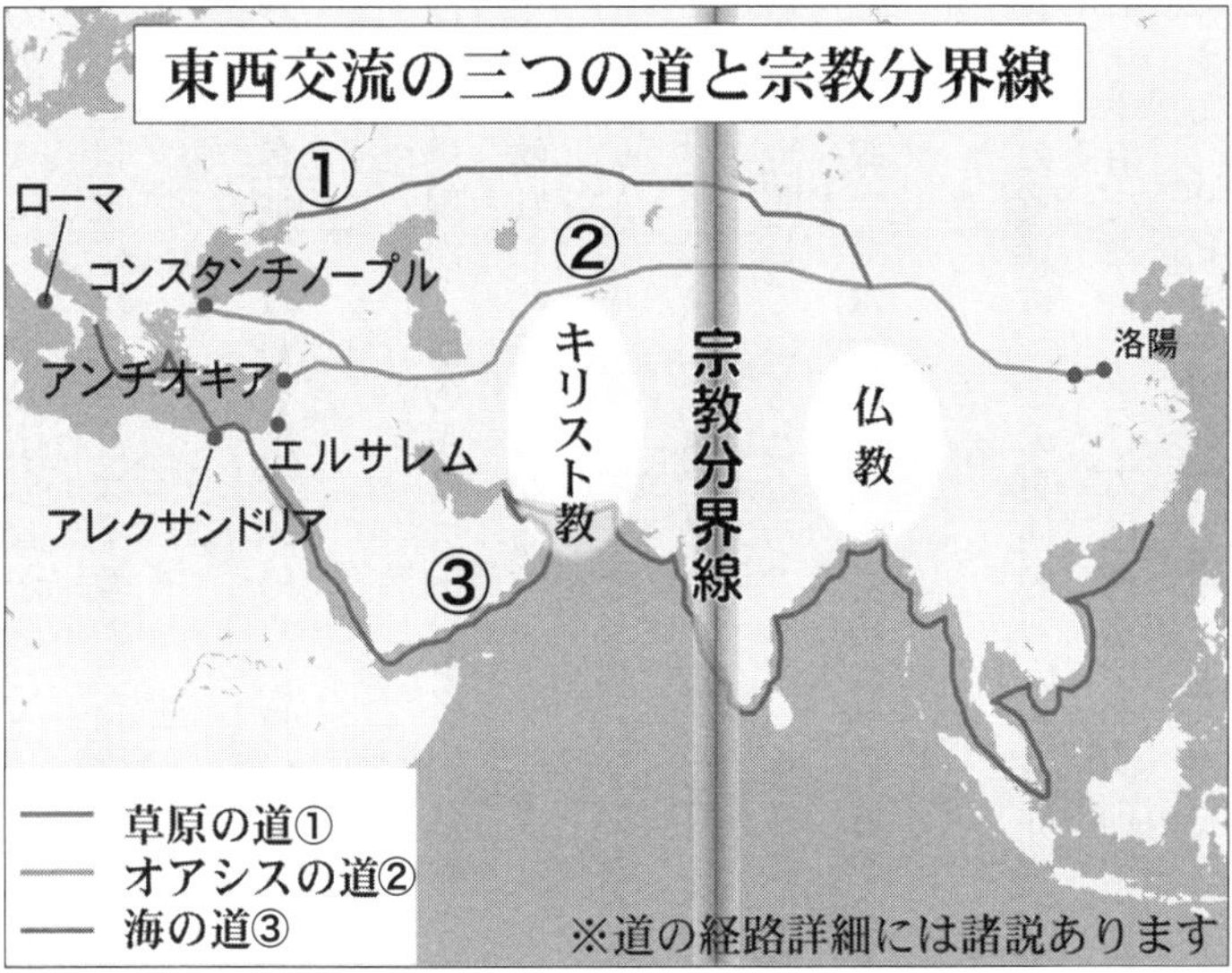

「東西交流の三つの道と宗教分界線」

における キリスト教の「地方教会」の広がりには、東の限界線があった。インドの西海岸(マラバル海岸、現ケララ州)から以東には、キリスト教の「地方教会」は成立していない。

この地域は、紀元一世紀ごろからやはり各地に教勢を広げ始めた仏教伝播《でんぱ》の西の限界線の延長線上でもある。

つまり、インド西海岸を南北に延びる境界線が、西のキリスト教と東の仏教との地域を、あたかも大山脈でもあるかのように峻別したことになる。

キリスト教と仏教の根本的違いが、崇拝の対象を「超自然」と「自然」のどちらに見いだすかによるとする議論は、古くから行われていた。最近では『サピエンス全史』の著者、ユヴァル・ノア・ハラリが見事に説明しているところである。まさに東西の宗教感覚、および意識の違いがこの「分界線」ではっきりと隔てられているかのようである。

時代は進んで、フランシスコ・ザビエルの意義は、この東西の「宗教分界線」を越えて極東にまで突き進んだ最初のキリスト者だというところにある。その理由に海路を進む技術が新たに開発されたことがある。ザビエル以前にも東に進んだキリスト者

（十三世紀のフランシスコ会士ら）が若干記録されているものの、それは「陸路」のみの時代の話であり、しかも、彼らは「教会」創設の意図は持っていたわけではない。

ところが十六世紀に入ると、新航路発見により古代や中世とは異なる大きな変化が生じてくる。

ザビエルら十六世紀の宣教師は、「ローマ教会」こそが「普遍教会」であるという意識を強く持ち、変化することのない完成形の教会を宣教の場にもたらそうとしていた。つまり、地方教会としての「日本教会（典礼）」を創始しようとしたわけではない、ということである。その理由として、宗教改革によって「一つのカトリック教会」が崩壊してしまう危険があり、そのため、ことさら「普遍」とか「一致」を強調しなければならなかったという時代背景があったと言えるだろう。「ローマ教会」が大航海時代の科学技術の発達によって一挙に遠方に広がることができたのも、その一因である。

しかし、日本における宣教は、ここで大きな難問を抱えることになる。遠藤周作『沈黙』の、宣教師フェレイラとロドリゴの「自然にしか『神』を見ない日本人」という議論と共に、井上筑後守《ちくごのかみ》とロドリゴの問答にある「なぜ南蛮人が日本の既存信仰を差し置いて、キリスト教を『真理』と言い切るのか」という論争は、まさにこうした世界史的な背景から見ていくべきものである。そしてそれは、十六世紀の宣教の在り方を見つめ直す大問題にもつながってくる。

ザビエルの宣教から三十年後、アレッサンドロ・ヴァリニャーノは宣教地の言葉と習慣を尊重しながらも、「もはや変質を許容しない」地でのキリスト教宣教を試行錯誤した結果、現地の教会へは「適応」、あるいは「順応」という宣教方針を打ち出した。すなわち、その地に根付いている固有の文化と対立することなく、キリスト教を並存させようとする方針である。

その後、日本における宣教が迫害によって行き詰まり、中国への宣教が始まると、この「適応」という新しい方針は、「中国典礼論争」という宣教史上、別の大問題を引き起こすことになった。中国の土地と人びとの言語や習慣、宗教感覚に合わせた中国独自の「教会」というものは、果たしてあり得るのかという問題である。これは「宗教境界線」を越えた地での宣教の難しさと同時に、「普遍教会」に対する「地方教会」の創設という面でも極めて重大な問題を提起するものであった。

22 「地方教会」の歴史と日本宣教（その2）

ヨーロッパの古代から中世にかけて、キリスト教は各地の言語や風習を取り入れながら広がっていった。その過程において東の端で突き当たったのが、「宗教分界」という現実だった（前項参照）。

人間の宗教意識には、厳然とした違いがあるという現実である。この境界を越えて、キリスト教が受け入れられるのがどれほど難しいことか。

生命の息吹の片鱗さえ感じさせない荒涼とした砂漠や荒野の中で自然を超えた「神の声」を聴くという宗教性と、深山幽谷の中、生きとし生けるもの全てに、すなわち草木国土にも「仏性《ぶっしょう》」を見いだす宗教性。その違いは決定的である。究極のゴールは同じであっても、そのプロセスの違いには人間性の奥行《おくゆ》きと幅というものを感じずにはいられない。

さらに難問は続く。それは、「神」あるいは「仏」の「救い」に言及するときである。

「救い」とは、現世ばかりでなく来世《らいせ》における「安心」を保証するものとして現れる。この「救い」を論じることとは、「救い」をいまだ知らない人に伝え、一人でも多くの人を「救い」の輪の中（サークル）に呼び入れようとする「宣教」へとつながる。キリスト教も仏教も、偶然の一致ではあるが、紀元一世紀から二世紀ごろに「宣教」を開始する。それまでの自然拡張的な教えの分布ではなく、意識的に「伝える」あるいは「招き入れる」ための行動がここに生じる。

「救い」を伝える、仲間に組み入れるという動機は、当初は尊い発想から生まれているのは言うまでもないことである。しかしそれは、やがて一人でも多くの人を「自陣」に引き入れること、「自陣」でなければ「救い」はあり得ないという発想になる危険性を内包している。有名なところでは「教会の外に救いはない」という言葉である。これは三世紀のカルタゴの司教キプリアヌスの言葉とされているが、この言葉は、語られるコンテキスト（文脈）によっては相反する二つの意味を示す。

つまり「自陣にこそ救いがある」というサークル内への励ましの意味と、「自陣以外には救いはないのだ」というサークル外への排他的意味合いである。まだキリスト者が少数で断続的な迫害を受けていた少数派（マイノリティー）の段階では、前者の意味で語られていた。その後、ローマ帝国においてキリスト教が国教化され、全ての人がキリスト者となったと考えられたときには後者の意味になった。ちなみにキプリアヌスは、明らかに前者の立場でこの言葉を語っている。

「宗教分界線」を越えてはるか東の果てまでやってきたフランシスコ・ザビエルにとって、残念ながら「教会の外の救い」は後者の意味を多少とも含んでいたようである。インドの東海岸のヒンドゥー教徒を相手にしているとき、彼がパリ大学の学者たちに宛てた言葉が伝えられている。学者たちが『救い』についてではなく「学問のための学問」をしているとき、彼らの怠慢によって（インドで）どれほど多くの霊魂が天国の栄光にあずかれずに、地獄に堕ちていくかと。ザビエルは、自陣の「内」と「外」という考えを持っていたように思える。

日本人が初めてキリスト教の「福音」に触れた十六世紀のもう一つの難しさは、「ローマ教会」を「普遍教会」と同一視して推し進められた宣教方法において現われた。

この世の中で、イエス・キリストによる、客観的で目に見える秘跡の教会は、中世の南ヨーロッパの文化の中で発展した歴史の教会と同一視され、疑う余地のないものとされていたからである。ヨーロッパにおいてさえも、キリスト教は長い年月をかけて変化しながら発展してきたのにもかかわらず、十六世紀に伝えられたのは「完成形としての形を変えることを想定しない教会」の姿だった。その結果として、宣教地（日本や中国）への「適応」は極めて難しい状況となり、ヨーロッパの教会事情を各国の固有の文化に対応させ、変容させることなく伝えようとする意識が強くなった。

宗教的な感性の違いと「普遍教会」の主張のぶつかり合い。これが、日本の宗教現場において騒擾《そうじょう》を起こさないはずがない。日本には南都北嶺以来の宗教伝統が厳然として存在しており、しかも鎌倉期に興《おこ》った新しい仏教諸派は徹底的に「庶民の救い」をテーマ化していた。

一説によると、戦国時代の仏教は堕落しており、キリスト教がその間隙《かんげき》をついて広まったとされるが、これは明らかな事実誤認である。キリスト教と同時に、鎌倉期に生じた新興仏教である浄土真宗や法華宗は、為政者の脅威となるほどの爆発的な人気を博していた。そうした土俵に、キリスト教が「自陣の救いこそ普遍であり、真理である」と主張したなら、結果は火を見るより明らかである。キリスト教が自説を強調すればするほど、その主張は他宗教の批判につながっていったのは容易に想像がつく。なぜなら結局、キリスト教の宣教師らは従来の日本人たちが熱心に信じてきた「宗教の過ち」というものを指摘し、強調せざるを得なくなるからである。これは日本キリスト教宣教史における「負の側面」と言えるだろう。

十七世紀の終わりごろ、ヨーロッパにおけるプロテスタントとカトリックの熾烈な対立を前に、その和解と相互尊重に尽力した有名な哲学者にして数学者であったライプニッツの言葉が思い起こされる。彼は次のように語っていたとされている。

各宗派は、自説を積極的に主張するときには正しく、他者のことを論じ始めた途端に誤謬《ごびゅう》に陥ると。

宗教対話が切に求められる今こそ、この言葉の意味を深く考察すべき時だと思われる。

23　まぼろしの「中国典礼」
――伝統社会の崇敬は「宗教」か「文化」か

長崎の二月。冬枯れの風景の中を極彩色のランタンが華やかに街を彩る。新地中華街の中央広場に特設された祭壇には、豪華な供物《くもつ》が所狭しと並び、中でも中国の民俗宗教の習慣である供物《くもつ》の最高峰である、豚の頭部が陳列される祭壇は圧巻である。こんなふうにして、江戸時代、唐人たちの文化は圧倒的な異国情緒を醸《かも》し出していたのだろう。

十六世紀に中国入りしたヨーロッパ人宣教師たちの目には、中国の民俗宗教の祭礼はどのように映っていたのだろう。

その結果、中国の伝統の形を借りながら中国人にキリスト教を伝えようとする「中国典礼派」（イエズス会）と、それを認めないヨーロッパ人たちの違いが明らかとなる。一五八三年に中国入りしたイエズス会宣教師マテオ・リッチ[23]（中国名・利瑪竇《りまとう》）は中国文化の理解に努め、研究を尽くした末、ヨーロッパ式の流儀を押し通すのではなく、「順応」することが肝要だと気付いた。

そして、中国の伝統文化の形をとりながらキリスト教を伝えようとして、「中国様式のキリスト教典礼」を考案するに至った。中国人たちの持つ先祖崇敬、孔子崇敬の様式、そして彼らがその祭礼に用いる供物《くもつ》や言葉、衣装などをないがしろにしては何も始まらないと悟ったからである。

その結果、やっとのことで中国の知識階級の心をつかみ、中国入りから二十年目にしてようやく、時の皇帝万暦帝の宮殿に出仕するまでになる。当時のイエズス会の教会堂（南堂など）では、中国式の供物《くもつ》や言葉、衣装が大いに取り入れられていたことだろう。

ところが、十七世紀の後半、イエズス会とは別に、ドミニコ会やパリ外国宣教会、そして教皇庁布教聖省（現・福音宣教省）のヨーロッパ人（主としてフランス人）が次々に中国入りし、そして事件が起こる。

彼らヨーロッパ人には、キリスト教の礼拝に中国の伝統様式を混在させる意味がまったく理解できなかった。イエズス会がキリスト教の礼拝ではなく、偶像崇拝を無批判に取り入れていると見えたのである。

一七〇四年、教皇クレメンス十一世は正式にイエズス会のこの「中国典礼」を批判し、「天」という言葉、至高の皇帝（天にいる皇帝としての神）を意味する「上帝」という文字を教会用語として使用してはならないと命じた。孔子や先祖にささげる犠牲奉献や供物《くもつ》奉献、祖祠《そし》[24]において、先祖に敬意を表すような供物《くもつ》奉献を教会に持ち込んではならないとも定めた。そしてそれらの儀礼に司祭が出席することも儀式を行うことも許されないとした。逆に言えば、当時、中国人たちが集まる教会堂ではそのようなことが実際に行われていたという証拠である。

イエズス会と他のヨーロッパ人との論争は熾烈を極めるが、結局、一七四二年の最終的な「中国典礼」禁止によって、この問題は決着を見たことにされた。

イエズス会を擁護した康熙帝《こうきてい》は、中国における孔子や先祖の崇敬は、中国人の伝統的生活習慣であって、けっして宗教ではないという立場を繰り返していた。イエズス会士は中国に骨を埋めるつもりで来華し、一時的に往来する他のヨーロッパ人とは根本的に中国文化に対する理解が違うのだとも擁護した。結局、ローマ教皇の「中国典礼」禁止令を受けて、中国文化に順応しないヨーロッパ人たちに対する迫害が、次の皇帝の雍世帝《ようせいてい》の代で始まる。

ここで重要なのは、「宗教」か「伝統文化・風習」かという違いである。もしも、孔子廟《びょう》や祖祠《そし》で行われている中国の伝統行事が「宗教」行為であるなら、キリスト教という宗教と両立する可能性は皆無である。しかし、それが宗教ではなく「文化・風習」であるなら話は違ってくる。

つまり、キリスト教という「核」は中国伝統文化・風習の「器」の中で育まれても、本質的な問題には抵触しないと考えられるからである。ただ、その器があまりにも強烈な異国情緒（豚の頭などの供物《くもつ》）と宗教色（礼拝に用いる香煙など）を示しているとき、ヨーロッパ人たちは自然とその「器」そのものに偶像崇拝の匂いを感じ取ったのだろう。もしも、「中国典礼」派が当時の教会によって抑圧されなければ、中国には、中国の伝統文化に則した「中国教会」が成立していたかもしれない。

そんなことは到底不可能だと、イエズス会以外のヨーロッパ人たちは判断してしまったのである。今日の中国人に質問しても、孔子や先祖を敬うのは決して「宗教」ではなく、伝統的に大切にされてきたこの国の習慣だと言うだろう。しかし、だからと言ってそれが「宗教」礼拝ではないと主張できる根拠も、はっきりと示されているわけではない。

一五八〇年代、マテオ・リッチは孤独のうちに中国南部に住み始めた。ヨーロッパの聖職者と同じように黒いスータンを着て、キリストの福音を宣《の》べようとしても、人びとから罵倒され、子供たちからは石を投げつけられた。そうした体験の末に、彼は中国の儒者服を着るようになったとも言われている。そして中国の言葉を学び、彼らの習慣を習得した。

その結果、彼が結論づけたのが「中国様式のキリスト教の典礼」という方法だった。インド西部の「宗教分界線」をはるかに越えた、まったくの異教の地で孤軍奮闘した宣教師たち……。ザビエルらにも共通するその血のにじむような苦闘の歴史がそこにはあった。

文化を超えて宗教を伝えるということの難しさがここにある。

【注】

23 明朝末期に中国に入り、宣教の基盤を固めたイタリア出身のイエズス会宣教師（一五五二―

一六一〇）。中国名、利《り》馬《ま》竇《とう》。西洋の学術を中国に紹介し、また中国の事情を西洋に伝えた。中国で最初の教会を建て、海禁政策をとる中国で宣教するためには、インドや日本とは異なる方法が必要と考え、ヴァリニャーノの「適応（順応）主義」を採用。中国では仏僧より尊敬される儒学者の姿をし、髪とヒゲを伸ばし、絹の儒服を身にまとった。天文学や地理学など、西洋の知識を中国の知識人に披露し、彼らの学問的関心を惹き、皇帝の宮殿にも出入りを許されるまでになった。しかし、この「適応（順応）主義」は中国の典礼問題という大きな問題を引き起こすことになった。

24 祖先を祀っている廟（墓所）。神や祖先の霊を鎮《しず》め、祀るための建物のこと。

24　戦時下の上智大学と靖国神社の「敬礼」

——中国典礼問題と日本カトリック信徒との意外な関係

前回は、中国典礼問題を取り上げ、葛藤の末にローマ教皇庁（バチカン）が、宣教地の伝統文化をキリスト教に取り入れるのに否定的だった歴史を振り返った。しかしこの問題、実は、日本人カトリック信徒にも大いに関係する問題を提起していたのである。一九三二年、東京・四谷の上智大学を舞台に繰り広げられた「靖国神社参拝（敬礼）問題」が同様の議論を巻き起こしたからである。

一九二五年以後、陸軍省、文部省は「軍教精神」を謳《うた》い、各地の学校には[25]陸軍配属将校が派遣されていた。軍事教練が教育のカリキュラムに組み込まれ、それに合格すれば軍役短縮、幹部候補生への道が開かれるなどの特典があったが、学校側はそれを拒否することはできない時代だった。

一九三二年五月五日、上智大学に配属された北原一視大佐は教練の一環として、学生六十人で大学から徒歩で二十分の距離にある靖国神社を訪問させる計画をたてた。

当時、カトリック教会は、信徒が神社や仏閣に参詣すること、お札の入手や「おみくじ」を引くなどの行為を、「宗教行事」であるとして固く禁じていた。そうした教会の考えは、明治になってカトリック教会の他宗教に対する基本的態度として「公教要理」などによって徹底されていた。

配属将校の計画を前もって知った二人のカトリック学生が、前日にヘルマン・ホフマン学長（イエズス会司祭）を訪ね、「神社参拝」の是非について相談した。すると学長からは、「できるなら参拝はしない方がよい」との指導を受けた。当日、学生は北原大佐率いる集団に同行はしたものの、「敬礼」を拒否し、北原大佐は激高する。大佐は即座に、「軍教の精神」をないがしろにする大学からは撤退するとの意向をホフマン学長に伝えた。その報告が陸軍省、文部省、大学、カトリック教会を巻き込んだ大問題へと発展した。

将校を撤退させるか否かの攻防が数カ月にわたって続いた。もしも撤退となれば、大学は存亡の危機に陥り、また日本中のカトリック信徒にも負の影響を与えかねない重大事となってしまう。

困り果てた大学当局とカトリック教会（東京大司教ジャン・アレキシス・シャンボ

ン）は、あらためて文部省の見解を問うた。すなわち、「靖国神社への敬礼は宗教行事に当たるのか」と。

すると、思いもかけない答えが返ってきた。「靖国神社での敬礼は、日本人の愛国心の表明であって、必ずしも宗教行事を意味するものではない」と。日本人なら、祖先を尊敬して、これまでの戦争で祖国のために亡くなった人びとへ敬意を表すのは当然である。つまり「礼拝」でなくともよく、カトリックの方でもこれを「偶像崇拝」と考える必要はないという意味である。この文部省の答えは、全国のカトリック教徒を大いに安堵させるに足るものだった。

実際、配属将校は上智大学から撤退せず（北原大佐は異動を命じられ、代わりの配属将校の人選が時間をかけて行われた）、先のカトリック教会の通達を受け、カトリック学生も靖国神社に赴くことができるようになり、ひとまず事態は収束した。ところが、一九三二年十月、満州国建国記念の集会が皇居前で行われ、周辺大学の学生が多数参加した式典の後、大挙して靖国神社に移動したこと（もちろん、上智大生も参列している）を、当時の新聞が、半年前の「敬礼拒否」があたかもその場で起こったかのように報道したため、「軍教精神に反する」カトリック学校あり、という批判が大々的に世間に広められる結果となってしまった。

しかし、靖国参拝に関する最初の解決案は、世界のカトリック世論を動かすに至った。あの中国典礼の決定に関する「緩和」に、この日本での解決策が応用されたからである。

一九三九年、教皇ピオ十二世は回勅で、「中国典礼」について過去になされた諸教皇の否定的な決定（一七一五年、一七四二年）を「緩和」すると宣言した。すなわち、カトリック教徒でも儒教の祭りに参加してよい。カトリック学校に孔子の像を掲げることができる。信徒の官吏や学生の中国伝統行事への参加に問題はないとされた。なぜなら、それらは「宗教行事」ではなく、その国の「伝統文化への尊敬と習慣」なのだからと。

教皇および教皇庁（バチカン）には、「宗教」と「文化」の問題について、一九三〇年代前半に日本（上智大）で起きたことが念頭にあったようである。この一九三〇年代というのは、バチカンが日本の動向に注目していた時期でもある。

教皇ピオ十二世治下におけるバチカン文書が公開された暁《あかつき》（二〇二〇年四月以降、公開の予定）には、当時のバチカンと日本、そして日本の信徒との関係が、よりいっそう明らかになるものと期待されている。
日本に生きるカトリックの日本人信徒は、同時に日本国民でもある。たとえキリスト教とは無関係と思われるような事柄であっても、それが昔からの日本の伝統文化・習慣だとして大切にされているなら、尊重することに異論のあろうはずはない。しかしそれが、理論的にも実践においても可能となるまでには、世界中で数百年にわたる激しい論争と、つらく苦しい体験があった。その解決のいとぐちが、極東の島国・日本の小さな事件から始まったという歴史も、同時に覚えておきたいことである。

【注】

25 旧日本陸軍で学校教練のため、「陸軍現役将校配属令」などによって、官・公・私立の中学校、実技用学校、高等学校、大学予科・専門学校・高等師範学校・大学学部など、全国の中等学校以上の教育施設に配属された将校のこと。軍事知識の付与、軍事教練の実施などを行った。

25 「語り」による「福音」伝達の妙《みょう》

ある大学生から、難問を突き付けられた。「四百年前のキリシタン時代、日本人信徒たちはどのような聖書を持って読んでいたのか」と。この学生にとって、キリシタン時代に「聖書」のことがあまり語られていないことが不思議でならなかったようである。

キリシタン時代には、私たちが現在持っているような聖書はなかったというのが先の問いへの答えである。

なぜなら当時の人びとは、聖書の内容を「耳から」伝え聞くのみだったからだ。彼らが字を読めなかったからというわけではない。日本人の識字率は歴史を通して七割を超えていたとも言われており、世界的にもハイレベルの域にあった。つまり、「聖書は読まれるべきもの」だという体裁がそもそも存在しなかったということなのである。それなら人びとは、本当にキリスト教を理解していたことにならないのではないかと、学生との議論は続いた。

ザビエルを日本に案内した薩摩出身のアンジロウ（ヤジロウ）は、ザビエルの「語る」福音書のキリストの「受難」の部分と、その他、主な祝日の福音箇所を暗唱して、日本語訳を作っていたようである。

しかし、仏教用語などを無批判に多用したため（例えば「デウス」を「大日」、「天国」を「浄土」、「天使」を「天人」など）、ひどい出来だったようで、かえって混乱を招いたと言われている。

ザビエルと共に来日した宣教師フアン・フェルナンデスは、日本語が達者で、福音書の要所を人びとに語り聞かせ、彼自身その原稿を持っていたようだが、それは自分用のメモにすぎず、皆が手にするものではなかった。ルイス・フロイスも、日本人の同宿《どうじゅく》[26]ダミアンの協力により、邦訳福音書の抜粋を持っていたようである。

一六一〇年頃までに、イエズス会の神父らが、手元に邦訳された聖書（福音書）を刊本（出版された形）で持っていたとの記録が残っているが、それも幻の「福音書」という印象は拭えない。

キリシタン信徒たちは、どのような福音書の内容を「語り」のみによって知っていたのだろうか。

それを知るための手がかりは、一九六〇年代に、イエズス会のジョセフ・シュッテ神父によってバチカン図書館で発見された「バレト写本」の中にある。福音書の受難物語や主要な主日の聖書朗読箇所の抜粋、および聖人伝が、ローマ字書きの日本語で記されている。外国人宣教師が日本語で説教するための本であったことは明らかである。

日本人信徒は、「教え」の断片しか知らなかった。その意味で、キリシタン時代の日本人の信仰は、正統なキリスト教の「伝授」と「受容」の結果ではなかったと考える人は少なくないと思われる。しかし、それは大きな誤解である。信仰の伝達は「文書」によってなされるのが正しく、「語り」によるものは価値が低いと断じることは到底できない。

キリシタン研究者で、天理大学で教えておられる東馬場郁生先生の著書は、そうした誤解を正してくれる。「インクで紙に書かれたり印刷されたものとしての聖典のイメージは、西洋史でも新しい現象にすぎない」。「文書」による教えでなければ正しい学びではないとされたのはごく最近になってからで、それは欧米でも同じことだと説明されている。

「当時（十六世紀）、おそらく西洋においては90％の人が、その聖典はおろか、自分の名前の読み書きもできなかった。

しかし、それにもかかわらず、私たちは、彼らの信仰がまるで今日読み書きのできるエリート信徒や聖職者が持つ聖なる文書に基づく信仰と同じであるかのように考え、語ってしまう。それはなぜか。一つには近代宗教研究が持つテキスト中心の宗教観を過去に投影しているからであろう」（『きりしたん受容史―教えと信仰の実践の諸相』教文館、二〇一九年、106ページ）

読み書きのできる知識人エリートの信仰が高度で、「語り」のみに頼る民衆（ポピュラー）の信仰はレベルが低いと、私たちは知らず知らずのうちに断じているわけである。しかし高度な知識による伝道などは、キリスト教の長い歴史の中ではごく短く、特異なものだったということである。

つまり、宗教上の教えの大切な部分は「語り」（音）でこそ伝えられるというのが真実で、むしろ、「語り」にこそ躍動する力があった。文字に書き記すのは、「語り」の繰り返しによるオリジナルの変質を防ぐためであって、それは「備忘録」といった域を出ない。

キリシタン時代の信徒たちは、「語り」による聖書によって、創造主である神の存在とイエス・キリストの受難と復活の意味を、自分たちの日常の苦難と重ね合わせることで深く理解していた。「語り」は、それが誰によって「語られているか」を、「書物」よりもいっそう強く意識させる。

つまり、「語る」本人が実際に「真理」に生きている人でなければ、「真理」を語ることはできないのである。書かれた言葉では、その顔が見えにくい。やはり、万里の波涛を越え、命懸けで宣教に従事した宣教師たちの「語り」は、「真理」がオーラのように後押ししたのだろう。語る側とそれを受ける側の「情熱」が大切なことを伝えたという歴史がそこにはあった。

【注】

26 キリシタン用語。修道会の会員ではないが、教会関係の施設に住み、宣教師を援助する各種の仕事に携わった。同じような身分として、看房、小者、殿原といったものがある。元来は仏教用語で、「寺の内において坊主（宿坊のあるじ）に仕える若者、または剃髪した人」の意。

26　火星人への洗礼？

以前、このコラムでＪＡＸＡ《ジャクサ》（宇宙航空研究開発機構）の中に「宇宙大航海時代研究会」というものが発足し、科学技術者や歴史研究者が集まって勉強会が開かれていることを紹介した。

先日の会合では、量子力学者でカトリックの終身助祭である三田《さんだ》一郎師を講師に、科学と信仰に関する講義が組まれ、「科学と宗教（信仰）」というテーマで、専門性の高いディスカッションが繰り広げられた。

その研究会の中で、『あなたは地球外生命体に洗礼を授けるか』（Would You Baptize an Extraterrestrial?）という本がアメリカで出版されていると知り、早速取り寄せて読み始めた。この本は「火星人にも洗礼を授ける」と述べた教皇フランシスコの言葉に直接のインスピレーションを得たものだと思う。

著者は、アメリカ人のイエズス会員で、現在、バチカン天文台の所長をしているガイ・コンソルマーニョ修道士と、科学哲学者のポール・ミュラー神父である。

コンソルマーニョは天文学の世界ではよく知られた学者で、「宗教は迷信から遠ざかるために科学を必要とする」とし、さらに神を単なる自然神へ還元してしまういかなる方法にも否定的見解を示す人である。

イエズス会は伝統的に科学を奨励してきた。地動説を唱えたガリレオ裁判の時、イエズス会の枢機卿ベラルミーノが教会を代弁して、「ガリレオの新説が誤りかどうかは分からない。ただ計算で証明される必要がある」と断罪したため、イエズス会と科学の対立というものが広く印象づけられてしまった。

しかし実際のところ、ガリレオはイエズス会の数学者たち、とくに今日、世界の多くの国や地域で用いられているグレゴリオ暦の算出に中心的役割を果たしたクリストファー・クラビウスらの支援を受け、生涯にわたって両者は友好関係にあった。「イエズス会員は近代的な心を持ったヒューマニストであり、科学と発見の友である」というガリレオ自身の言葉も残されているほどである。

キリスト者は二千年前の「イエス・キリストのもたらした救い」が、全人類に普遍的な意味を持っていると考える。

しかしそれは、「全人類」であって、まだ「全宇宙」という範囲の議論はない。

故に、いずれ科学技術が格段に進歩し、地球外の生命体と巡り会うことになったとき、私たちは「イエス・キリスト」の洗礼を絶対視するのかという問題に行き着く。

つまり、地球における「イエス・キリスト」は、銀河のはるか彼方《かなた》においても、そこに住む生命体に対して同じ意味を持つのかどうか、ということである。

もしその地球外生命体が、まったく「救い」に値しないと判断すれば、最初からそんな疑問を持つこともないのだが、逆に彼らが「救い」に値すると判断すれば、その生命体への洗礼を本気で考えることになるだろう。

あるいはさらに進んで、その生命体には、その星固有の「救い主」が何らかの形ですでに現れているのではと問うこともあり得る。「地球外生命体」への洗礼は、今はまだ荒唐無稽の話のようにしか聞こえない。しかし、このことはよく考えてみると、こうした疑問を人類は初めて持つわけではない、ということに気づかされる。

すなわち、五百年前の「大航海時代」の幕開《あ》き以後、世界各地に乗り出したヨーロッパのキリスト教徒は、未知の土地で遭遇した諸民族に対して同様の疑問を持っていたと考えられるからだ。

彼らヨーロッパ人が「発見」した現地の人（生命体）は「洗礼」に値するのか。キリストとは別の宗教的救いがすでに示されているのか。残念ながら、十六世紀ヨーロッパの宣教師たちは後者の問いを当初から抱くことなく、既存の宗教を認めることをしなかった。イエス・キリストへの信仰以外に救いの道はないと主張したことは、あのザビエルでさえ例外ではなかった。

一九八六年に公開された映画『ミッション』で、イエズス会宣教師たちが、ヨーロッパ人の前で南米インディオの少年に聖歌を歌わせる場面があった。つまり、ヨーロッパ人植民者らがインディオを自分たちと「同等の人間」と認めず、彼らを人間の下に置いて「奴隷」にしてよいと考えたのに対して、イエズス会宣教師たちは、現地の人も「理性的魂」を持っているが故に、これほど見事に神を賛美することができるのだと擁護するのである。宣教される側、とくにアジア人の私からすると、この場面は複雑な心境の描写だった。

新しいフロンティア（新天地）を開拓するとき、人はどのような視点を持って、その土地の人（生命体）に接するべきなのか。人間の認識は、絶えず新しい出会いを通して書き換えられ、拡大されてきた。その始まりは、ヨーロッパ以外の異民族であり、そしてその延長線上には、宇宙での巡り会いも含まれる。私たちには、十六世紀の古い歴史を現代的事象から考えるヒントが与えられているのだ。

そう考えた時、ＪＡＸＡの研究技術者らが「大航海時代」の歴史を学びたいと言った理由が分かったような気がした。歴史は繰り返されるのである。

教皇フランシスコの「火星人への洗礼」は、「洗礼を求められれば」という前提での結論であり、大切なのは、「相手が望めば」ということだった。この教皇の発言の真意には、キリスト教徒が伝統的に順守してきた「宣教」の方針に対して、一つの反省点が示されているように思える（まだ十分な認識や視野の拡大も獲得していないけれど）。自分の価値観を絶対視し、それが真理であるとして他者に強要する態度は、実は間違いなのだと。

教皇フランシスコの説く「寛容」はここでも健在である。

27 「信仰」が導く韓日「共通歴史認識」

十一月の連休を利用して韓国を訪問した。ソウル南部の水原《スウォン》にあるカトリック神学大学の東アジア福音宣教研究所主催のシンポジウムに招聘《しょうへい》されたためである。

シンポジウムはたいそう意義深く、興味深い集いではあったが、昨今の日韓関係を考えると、出発までは気が重かったというのが正直なところだ。今回で六度目となる訪韓。現地の方々との交流は、さまざまな面で反省の機会となった。やはり巷《ちまた》でうわさされていることと、実際に現地の人と交流することから見えてくる視野は大違いである。

訪れた水原《スウォン》は、歴史的価値の高い美しい城壁の残る都市。首都のソウルから車で一時間ほどの距離にある町である。

この地では十八世紀の末にカトリックの受洗者が急増し、結果的には、多くの殉教者を輩出した歴史を刻んでいる。現在の水原《スウォン》教区は、一九六〇年代にソウル教区から独立したばかりの新しい教区で、神学大学も八三年に開校したばかりだが、殉教の歴史と共に、キリスト教の伝統を深く染み込ませた魂の故郷と言える。神学生だけでも二百人以上という、日本とは一桁違う盛況ぶりである。

シンポジウム期間中は、大学関係者や現地の司祭方の温かいもてなしを受け、現在の緊張した日韓関係が、まるで別世界のような気になっていた。やがて打ち解けてくるに従って、皆さんの本音を聞いてみるチャンスも到来したため、日本で今、韓国について言われていることを率直に伝えてみた。韓国のカトリックの人びとは日本について、どのような感情を持っているのだろうかと。

私は歴史学の研究者で、現代政治の専門家ではないので、国際情勢には疎《うと》く、またジャーナリストのように両国間の政治経済について語ることもできない。故に両国の間に存在する現在の感情のすれ違いについて、とやかく言う資格はないとの思いから、現状への言及は控えたい。

ただ残念なことは、韓国のカトリック教徒の中で親日的であると自負する人びとが、最近、日本人の友人と疎遠になってしまったと嘆いているのを知ったことだ。日本ではとりわけ否定的に言及される韓国の現職大統領が熱心なカトリック教徒であり、韓国の大方の信徒の方が、政府の支持者であることに初めて気付かされた。シンポジウムでの私の役割は、日本キリスト教の歴史について語ることだった。とくに迫害下、潜伏キリシタンを可能にした信徒組織と、その背景の説明に専念した。すると、最初は緊張した雰囲気を漂わせていた聴衆の様子が、にわかに同調的、好意的なものに変わっていくのに気付いた。一般の歴史学の分野では、韓日共通の歴史認識を持つことは不可能だとされているが、歴史解釈上、唯一、韓日で思いを同じにする史実があることにあらためて気付いたのは、この瞬間だった。それは、「殉教」および「殉教者」というキーワードによってもたらされたものであった。キリシタン時代から現在に至るまで、日本における「殉教者」の存在はよく知られている。

朝鮮半島でもカトリック信仰が導入され、信者を増やした十八世紀から十九世紀にかけて、パリ外国宣教会の宣教師と共に数千人近い信徒が殉教した。韓国のカトリック教徒はその点、「殉教者」への崇敬をことさら強く抱いている。また、日本のキリシタン時代の迫害についてもよく知っていて、常に「日本の殉教者」を尊敬し、九州各地の殉教者ゆかりの地を巡礼して回ることが多いと聞く。

ことし二〇一九年は、日本統治に反対した「三一独立運動」百周年ということで、日本各地でシンポジウムが開催されている。その運動の始まりには多くのキリスト教関係者がいたことから、キリスト者の中でもその盛り上がりはなかなかのものである。そうした人びとでさえ、日本の「殉教者」については大きな敬意を払っていることを、私は東京で開催されたある学会のパネルディスカッションで知った。

神の国のため、同じ信仰を、自らの命を賭《と》して証しする人たちがいた。これは日韓両国にとって、かけがえのない財産である。そして、その点において両者の一致点は見いだせるのである。

そうした、韓国カトリック信徒の殉教者に対する深い崇敬の念を知って、私は日本人キリスト者として、大きな反省を強いられる思いでいる。韓国のカトリック信徒は、日本の殉教者を「心の同志」と考えている。そのために彼らはよく学んでいて、「巡礼」にも足しげく訪れる。

他方、私たち日本人キリスト者は、朝鮮半島の「殉教」の歴史について何か学ぼうとしたであろうか。

日本のキリスト者は、韓国のカトリック信徒が日本について学ぶのと同じように、韓国殉教の歴史を知るべきではないのか。そこでは、「共通の歴史認識」などと、ことさらに声を張り上げなくとも、自然と「一致点」が見えてくるはずである。

私は、日本キリシタンの殉教者と同様に、ソウルや水原《スウォン》で信仰の故に命をささげた人びとを尊敬し、この「証し人」たちの祈りの取り次ぎを心から願いたいと思っている。

28
教皇フランシスコ
最も静かで意義深い再会、そして惜別

教皇フランシスコの来日は、歴史に残る「教皇フィーバー」を実現した。現教皇は、実に不思議な魅力を持った方である。何千、何万という人びとと面と向かうのだから、通り一遍の社交辞令的な触れ合いに終わるはずなのに、なぜか一人ひとりの心にかけがえのない思いを残して行った。教皇が帰国の途に就かれた時、親しい友人を見送った日の夕方のような、そこはかとない寂しさを感じた人は多いことだろう。多くの日本人が、信徒であろうとなかろうと、まるで「教皇ロス」に陥ったかのようであった。

数えきれない人びとと出会われた教皇。その出会いの中で、世間やマスコミではほとんど語られない、しかし、ある意味では非常に重要で意味深い出会いについて触れたいと思う。

それは、来日の最後に設定された、イエズス会前総長のアドルフォ・ニコラス神父

と教皇フランシスコとの再会と惜別、という出来事である。

映画『教皇になる日まで』からもうかがえるように、ホルヘ・マリオ・ベルゴリオ神父の生涯は、まさに苦悩と軋轢《あつれき》の連続であった。

一九八〇年代、イエズス会のアルゼンチン管区長として指導的立場にあったベルゴリオ神父は、「解放の神学」[27]を実践しようとする人たちと、カトリックの伝統を固持しようとするグループとの間で、身を引き裂かれる思いを体験している。特定のグループに与《くみ》したり、その言い分に耳を傾ければ敵をつくってしまう、文字通り碾《ひ》き臼《うす》に挽《ひ》かれる状態だったのである。イエズス会本部からも誤解を受け、管区長を退任後は、失意の日々を過ごした。

そんな失意のどん底にあったベルゴリオ神父を、イエズス会員として真っ先に受け入れ、心からの和解の手を差し伸べたのが、日本管区で長年活動し、後にイエズス会総長に選出されたニコラス神父だった。

ニコラス総長には人一倍恩義を感じられていた教皇フランシスコ、すなわちイエズス会員ベルゴリオ神父は、教皇に就任直後、異例とも言える行動をとった。それはローマで開催されたイエズス会の年次総会に単身姿を現し、会員に声をかけられたのである。これを人びとは、教皇とイエズス会、さらにはベルゴリオとニコラスの心からの和解のしるしとして感じとった。

ニコラス神父は難病のため在任中に総長の職を辞し、現在は東京郊外にあるイエズス会の高齢者施設で療養の日々を過ごしている。この年二〇一九年の秋口には、もう余命いくばくもないと診断されていた。

教皇フランシスコの来日スケジュールが発表された時、教皇と元総長の再会は到底あり得ないと、誰しもが思っていた。

しかし、「奇跡」は実現した。イエズス会の療養施設の責任者やスタッフらが、教皇が上智大学を訪問するそのわずかな時間に間に合うよう、施設で生活する会員約十五人を、郊外の療養施設から東京・四谷の上智大学に大移動させることに決め、それを実行に移したのである。日頃は一進一退の病状を繰り返しながら、寝たきりの安静状態にあったこれら十五人の会員たちが、教皇との謁見を果たした。そしてその中にはもちろん、あのニコラス神父が含まれていた。

ニコラス神父は教皇との謁見を果たすべく、毎日毎日、熱心にリハビリを繰り返した。そして、施設責任者の神父の友人である若い医師たちがチームを組み、十一月二十六日早朝の教皇謁見に向けて、懸命に準備を整えた。

　ニコラス神父は、寝たきりの状態で、相手の話すことははっきりと理解するものの、反応はできないという苦境にあったが、教皇との再会の日を一日千秋の思いで待ちわびているようだった。

　教皇フランシスコの今回の来日で、最も短いけれど意義深い出会いが実現したのは、上智大学の学生との交流会の前、大学構内のイエズス会宿舎（S・J・ハウス）でミサを行い、その後、会員らと朝食を共にされた直後だった。

　教皇はそこにいるニコラス神父をじっと見つめ、沈黙のうちに彼の手を握りしめたまま、目を閉じてそのまましばらくの間、祈られていたようだった。

　言葉はない。ただ静寂のみがあった。そしてそれは、ニコラス神父も同様だった。その長く深い沈黙には、あたかもこの二人がそれまで抱えてきた多くの苦悩と葛藤、そしてゆるしと和解が込められているかのように。

　現場に居合わせた信者でない医療スタッフの医師たちは、二人の静かな沈黙と抱擁に大きな感動を覚えたと後に語った。

　ニコラス神父との再会の後、教皇フランシスコは多くの従者に囲まれながら、イエズス会宿舎を後にした。

S・J・ハウスの前では、寒空の中、長時間待っていた多くの学生たちの大歓声に迎えられて、次の式典へと向かわれた。

その時、ニコラス神父を乗せた車いすは、誰も見送ることのない宿舎の裏門からひっそりと姿を消した。

こうしてカトリックの歴史を動かしてきた二人の聖職者は、別々のそれぞれが行くべき場所へと去っていった。「あの方は栄え、わたしは衰えなければならない」(ヨハネ3・30)という、あの洗礼者ヨハネの言葉を連想させるかのように。

教皇フランシスコの来日、それは、人びとの心に、平和と希望への確信を残した。訪日のメインテーマである「すべてのいのちを守るため」とは、一人ひとりの「心」を守るために他ならない。そのことは、目の前のそのほほ笑みと温かい握手の感触と共に、皆に共有されている偽らざる思いであろう。

この教皇の下《もと》に、全世界のカトリック教会が平和の道を見いだすことができますようにと、祈るばかりである。

(*ニコラス神父は教皇と会った翌年の二〇二〇年五月二十日、84歳で死去)

【注】

27　ラテンアメリカで、社会的・政治的解放が急務とされる現状から興《おこ》った現代神学の思潮。新しい神学理論というより、神学と社会的・政治的関わりを結合させようとする運動。第二バチカン公会議（一九六二―六五年）以降に、グスタボ・グティエレスら主として中南米のカトリック司祭による神学の運動と、それをまとめたもの。民衆の中で福音を実践することが「福音そのものである」という立場を取る。これに対しては非難や中傷も多く、各国の政府からも、また反政府からも聖職者や修道士が暗殺される事件が多発した。

29　ローマ教皇との絆の証し

――四百年前の「奉答書」が語るもの

新年一月の数日を、ローマのバチカン図書館の奥にある修復作業室で過ごした。現在、私が関わっている「日本・バチカンプロジェクト」と別の研究グループのコラボレーション作業のためである。前者のつてのお陰で、バチカン図書館での調査の道が開け、後者の科学的ノウハウによって、貴重な古文書の「紙質等光学科学調査」を実施することができた。

バチカン図書館には、天正遣欧少年使節および慶長使節関係の文書や、当時日本で書写・印刷された資料（キリシタン版）が少なからず残されている。その幾つかがミクロのレベルで科学調査の対象となったのは、これが初めてのことだろう。

今回、とくに時間をかけて調査したのは、ローマ教皇パウロ五世（一六二一年没）に宛てられた、日本の信徒（「有馬・有家」地区、「中国播磨」地区、「都・大坂・堺・伏見」地区、「長崎」地区、「出羽・奥州」地区）からの「奉答書」、五通だった。

この奉答書の存在は、一九二〇年代から知られているもので、私自身、何度か実物を見てはいるが、その美しさと荘厳さは、いつも深く印象に残っていた。

一六一七年、時のローマ教皇パウロ五世は、聖ペトロ大聖堂の改築が完了したのを機に、全世界のカトリック教会に向けて、「聖年」の実施を公に宣言する。さらに、教皇は一六一九年十二月に迫害下にある日本信徒への慰問状を送付された。日本信徒のもとにその知らせと「慰問状」が届いたのは、三年後の一六二〇年八月だった。

この教皇の宣言に呼応して、当時日本で活動していたイエズス会のマテウス・デ・コウロス神父の勧めで日本各地の信徒代表が教皇に宛てて返礼をしたためたものが、「奉答書」と呼ばれる一連の文書群として残されている。その書状が作成されてから、今年でちょうど四百年になる。

コウロス神父は、奉答書の一定の書式を指示しただけで、その作成については各地の信徒団の代表者に任せ、それぞれの教会が工夫を凝らした奉答書を作った。それらは一六二四年末頃までにバチカンにもたらされ、その実物がずっと保管されてきた。

奉答書はパウロ五世宛ての返書の形だったが、奉答書がバチカンに到着した時にはウルバノ八世が教皇となっていたため、この教皇の出身家族であるバルベリーニ家の書庫に収められていた。

　これらの奉答書の中でもとくに豪華さ、壮麗さ、そして卓越した職人業を最も感じさせるのは、「都」地区からのものである。素材は最高級の日本産「雁皮《がんぴ》[28]」。和紙にていねいに着色し、その上に「金泥《きんでい》」で装飾を施した後、日本語とラテン語訳を流麗に描く文書である。十二人の信徒の署名があり、そのうち、堺の二人と都の二人は他の文書にも名前が登場することから、彼らがこの地区の有力者であり、代表的キリシタンであったことがうかがえる。

　こうした文書がもし日本にあれば、おそらく国宝か重要文化財の指定を受けても不思議ではないと思われるが、バチカン図書館では、膨大な数の外国文書の一つとして目立たずに保管されている。

　今も往時の美しさと輝きを失っていないその文書を眺めながら、私は遠く四百年前の「都」の信徒たちに思いを馳せた。

　一六二〇年といえば、その前年に、六条河原で橋本太兵衛とその妻テクラをはじめとする五十二人の壮絶な殉教事件が起こっている。キリシタンにとって最も危険な日々に、人びとはこれほど手の込んだ見事な書状を、どのような思いで作成したのだろうか。その並々ならぬ情熱というものを、この奉答書は感じさせてくれる。

「都」の有力信徒たちは、可能な限りの工夫を凝らしてこの「奉答書」を作ったように思える。

彼らは遠くローマにいる「パパ様」を思い、殺されて亡くなったキリシタンの仲間たちを思いながら、ともすれば崩れそうになる自分たちの心を鼓舞するため、弔いの心を抱いて文字を書き記した。信徒たちは教皇の心に合わせるため、書簡に彼らの思いを込めた。パパ様からの御書《おんしょ》は、彼らにとって天からもたらされたと思えるほどの喜びを与えたことだろう。

今、迫害の真っただ中の苦しみにあること。その中で歯を食いしばって信仰を絶えず強く保っている彼らに、教皇の御書《おんしょ》がもたらされた。「都」の信徒

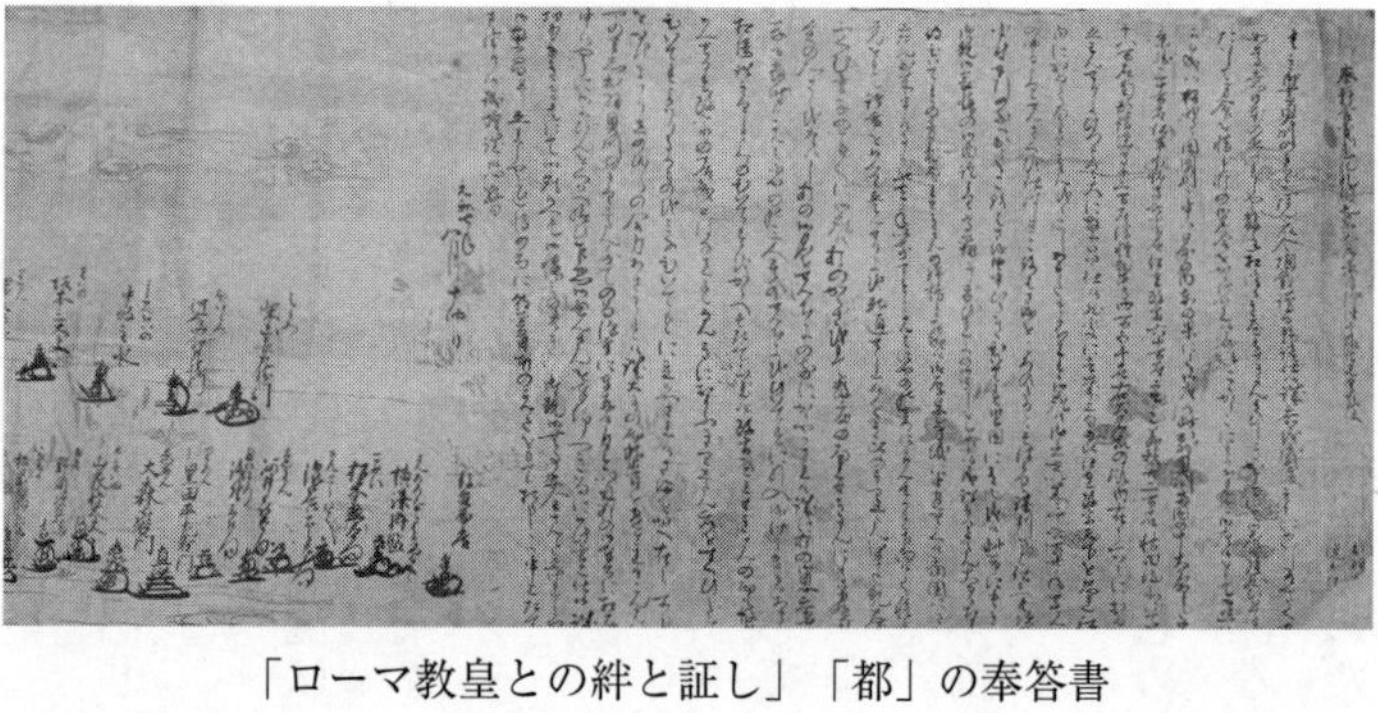

「ローマ教皇との絆と証し」「都」の奉答書

たちは上下貴賤を問わず、皆が祈り集まるたびにその御書《おんしょ》を拝読していること。そして、この尊い聖年に当たって、心を込めて信仰の道に精進することを、書簡の中で誓い合っている。

ローマ教皇と信徒の絆。私たちはその絆の強さを、つい先日、長崎の原爆被爆地で、あるいは、広島の平和公園で、そして東京ドームにおいて確認したばかりである。

一人の教皇に対して、私たちは何を見たのだろうか。それは、長い時間と広大な空間に刻まれた無数の人間の心のつながりだった。パパ様を目の前にして、私たちはこの方が運んでくる全歴史と全世界の信仰が一つに集約されていることを深く、そして喜びをもって感じ取ったのである。私たち信仰者は、目に見えない絆で固く結び付いているのだという喜びをもって。

四百年前の信徒たちは、教皇が与えた「免償」と、聖年の祝福とを期待を込めて待ち望んでいたが、現実の歴史では、禁教がそれを阻んだ。

「迫害が一場の悪夢であったとすれば、ジュビレヨ（聖年）もイヅルゼンシヤ（免償）もまた一場の甘い夢でなかろうか」と、キリシタン史の碩学《せきがく》、姉崎正治氏は奉答書を回顧しながら記している。

しかし、この書状に託された人たちの思いは、免償云々《うんぬん》の問題をはるかに超越するものである。

すでに教皇の思いが、万里の波涛を越えて極東の島国・日本に運ばれてきた、その事実だけで十分なものであった。

教皇は苦しむ私たちを絶対に忘れていない、常に心に掛けてくださっている。彼らのその喜びと確信は、つい先日、教皇フランシスコ訪日の折に、彼と直接出会った全ての現代人が理解し、証言できるものと同じである。

四百年前のキリシタンたちが示した心の「真の理解者になる」という栄誉を、現代の私たちも受けている。


【注】

28 楮《こうぞ》、三椏《みつまた》と並んで、古くから日本で使われてきた和紙の原料。雁皮はジンチョウゲ科の落葉低木で、栽培が困難なため、山林に自生している自然の木を使用する。自然木のため不純物が多く、その処理には多くの手間ひまがかかる。

30 「パンデミック」
――恐怖とパニックではなく警鐘としての機能

二〇二〇年の今年、東京オリンピック年として国際的な飛躍の期待感をもって幕を開けたかに思えた年の始め、不安なニュースが飛び込んできた。以降、毎日のテレビや新聞報道で、「ウイルス」という文字に出くわさない日はない。と同時に、「パンデミック」(pandemic) という奇妙な響きの言葉が独り歩きをし、いたずらに人びとの恐怖心をあおっているように思われる。

「パンデミック」とは、ギリシャ語の「パン (pan) =すべて」と「デモス (demos) =人」が合成して、「すべての人」に影響を与えるという意味だそうである。「デミック (demic) は「広がる」の意味なので、「すべてにまん延する」とする説もあるようだ。

いずれにせよ、テレビの画面で世界地図上に、このウイルスの影響を受けた人の数が、五百、一千、一万と大小に塗り分けられた円グラフで埋め尽くされるのを目にすると、まるで野火のように、それがじわじわと世界中に浸透し、もはや後戻りできないかのような印象を与える。今起きている状況に対して、人びとが不安を抱えるのは、それがいつどこまで広がるのか。また、どの程度の威力をもって増大しているのかが、誰にも分からないからである。

すぐに消滅するかも知れないし、長きにわたって猛威を振るうかも知れない。その先が見えないところに、人びとは恐れを抱くのである。

歴史を振り返ってみると、「パンデミック」という言葉で言い表される出来事は過去に何度か繰り返されている。重大な疾病《しっぺい》の急速な広がりと、それによってもたらされるおびただしい死者の数がその記録である。

代表格が、「黒死病（ペスト）」、赤痢《せきり》、そしてスペイン風邪などの多様なインフルエンザの大流行を指すことは、周知の事実である。

十四世紀中頃のヨーロッパの主要な港や町で、風邪に似た症状の患者が、発病してからわずか一週間程度で死に至るという奇病が急速に拡大し、人びとを震撼させた。

体が黒ずんで死に至ることから「黒死病」と呼ばれ、十年足らずの間に、ヨーロッパ全土でおびただしい数の犠牲者が出た。一説では、ヨーロッパの総人口がこのペストによって三分の一にまで減ってしまったともされている。

短時日に三人に一人が死んでいく光景を目にすれば、人びとはまさに「パニック」の真っただ中に突き落とされる心境だったことだろう。中世のこの地獄絵図のような状況からすれば、現代の「パンデミック」は、いかに先行きの見通しが悪いとは言っても、それとは比較にならないほどの脅威だったことだろう。

ずいぶん古い話になるが、若い頃に村上陽一郎氏の『ペスト大流行―ヨーロッパ中世の崩壊』という新書版の名著と出合い、興味深く読みふけったことがある。

その本の中で病気としての「黒死病」の恐ろしさはもちろん伝わったが、私が最も恐ろしく思ったのは、当時の人びとがそうしたパニック状態の中、デマに翻弄され、狂気に走ったと知った時だった。

「ユダヤ人たちが井戸に毒をまいたのが病の原因だ」という、通常では決して信じないようなデマ（うそ）を、町に生活するごくごく普通の、そして善良でさえある人たちがいとも簡単に信じ込み、揚げ句の果てに、隣人であるユダヤ人を大量に虐殺したという歴史があった。

「パンデミック」下におけるパニックは、そうしたヨーロッパのキリスト教社会でマイノリティー（少数派）として、人びとが忌み嫌う、金貸し業などを生業《なりわい》とする社会的周縁者のユダヤ人をターゲットとして「犯人」をでっちあげ、彼らに社会的ストレス解消の矛先を向けたのである。パニックは、狂気を誘発する。

こうした社会的なヒステリー症状を、現代の脳科学者たちならうまく説明できることだろう。

「いじめの構造」とも共通するように、ある団体（集団）に何か問題が起こったとき、「犯人捜し」をすることで満足するという性癖が私たち人間にはあるという。そのことを、今回の「パンデミック」という言葉の乱用の中で考え直してみたい。

神学生時代、旧約聖書の預言書を講義していた教師がよく言っていた。「人の怖れに訴え掛けて、不安をあおるのは『偽預言者』のしるしである」と。

「一九九九年七の月に恐怖の大王が降ってくる」というノストラダムスの言葉を、文字通り「世の終わり」のことだと本気で信じていた少年時代を思い出す。今にひどいことが起こる、私たちを苦しめたあの悪魔がよみがえって再び支配する、あるいは神の罰を避けることはできないとして恐怖心をあおるのが「偽者」の常套句である。

そこには何ら、救いのメッセージというものがない。神から預かる言葉には、不正を行う者に気付きを与えるのと同時に、人びとには回心とゆるし、希望の心を起こさせる何かが必ずある。そうでないものは、いたずらに「パニック」を助長するだけに過ぎない。

「戦争や反乱のことを聞いても、うろたえてはならない。」（ルカ21・9）とは、イエス・キリストご自身の言葉である。

ネットをのぞいてみると、科学的に何の根拠もない都市伝説的な情報が並んでいる。これほど脳科学が発達し、心の解明がなされている今、私たちは「惑わされないように」気を付けたいものである。

私たちが為すべきこと、それは正確で確実な情報を、一つ一つ繋ぎ合わせて対応することである。

その上で、すべてを神のみ旨に委ねて、静かに「待つ」という信仰者の態度は、こういうときにこそ試されるのだろう。

「パンデミック」という言葉が、人びとに正しい知識と行動をもたらすための警鐘だということを、忘れないようにしたいものである。この言葉に翻弄されて、「パニック」を起こすことだけは絶対に避けなければならない。よりいっそうの祈りが必要である。

31　そして風はやみ、凪《なぎ》となった

この原稿は、二〇二〇年の三月十八日に書いている。今回は少々、私の専門である歴史から離れた視点で考えてみたい。

連日報道されているように、新型コロナウイルスの感染症は世界各地に広がりつつある。この記事が世に出る頃（四月）には、何らかのよい兆しが見いだされていることを祈るばかりである。

九年前の春先にも、これと似たような日々を過ごしたことがある。あの時は「放射能」、今回は「ウイルス」という違いはあるが、「目に見えない敵」が次々と立ち現れる昨今である。

今、私たちが「恐怖」に駆り立てられる原因は、先行きのまったく見えないことによる「不安」に尽きる。

毎日、さまざまなメディアで専門家たちが口々に持論を披歴し、不安の増長には事欠かない。基本的な防疫情報だけに気を付けて、メディアの騒がしさにはできるだけ巻き込まれないようにしたいものである。

こんなときこそ、黙想してみたい聖書の箇所がある。マルコ福音書のガリラヤ湖でのイエスと弟子たちとの情景である。

「激しい突風が起こり、波が舟の中まで襲いかかり、船は水浸しになった。ところが、イエスは艫《とも》のほうで、枕をして眠っておられた。弟子たちはイエスを起こして、『先生、わたしたちがおぼれ死んでも、かまわないのですか』と言った。イエスは起き上がって風を叱りつけ、湖に向かって仰せになった。『黙れ。静まれ』。すると風はやみ、大凪《なぎ》となった。イエスは弟子たちに仰せになった、『なぜ、そんなに恐れるのか。まだ信仰がないのか』」（マルコ４・37―40）。

イエスと共に弟子たちが夕暮れの湖面を舟で渡っていく。やがて空には黒雲が立ち込め、風が笛のような音を立て始め、嵐の予感が漂ってくる。今夜、嵐になったら、命を落とすかもしれないという不安が弟子たちの心をよぎる。

まもなく、最初の突風が吹き、波が甲板を洗い出す。イエスが舟の後ろの方で眠っておられるということは、舟自体はまだ大波に翻弄されるような状態ではなかったのだろう。弟子たちが感じていたのは、闇の中に忍び寄る死の予感だった。それはもしかしたら惨事の始まりなのではないかと。

この状況は、見えないウイルスに感染者と死者の増大という不安を感じている今の私たちの状況と見事に重なり合う。

この聖書の箇所は、ガリラヤ湖の出来事であると同時に、私たちの脳内に起こる「不安」と「恐怖」のメカニズムとも呼応しているように思える。人類は野獣などの天敵から身を守るため「ストレス」を感知し、危険に遭遇したら逃げるように進化を遂げてきた。脳内の扁桃体という部位が活発になる状態である。

扁桃体は副腎に指令を伝え、さまざまな物質を分泌させ、ストレスという「警戒警報」を発令する。しかし、その伝達が過剰になりすぎると、「コルチゾール」（別名キラー・ストレス）と呼ばれる、人体にとって有害な物質が分泌され、それが脳に逆流し、記憶や情緒安定を司《つかさど》る「海馬」という部位を損傷し、現代人のストレスによる精神疾患やアルツハイマー病、うつ病などの原因になると考えられるようになっている。

身を守るために必要であった「ストレス」本来の役割は、それが過剰となると人間を内部から破壊しかねないというメカニズムである。つまり、まだ起こってもいない未来のことに、「不安」や「恐怖」をもって過剰に反応することが、事態を故意にますます悪くしてしまうということを脳科学は証明している。

パンデミックが起こる。治療の方法が見つからない。毎日、感染者が「拡大」している。死者は公表されている何十倍にも上る。そんな言葉にますます「不安」をあおられ、未来への「恐怖」を抱いている私たち。それは体内で「コルチゾール」を大量に出して、われとわが身を痛めつけている状態に他ならない。

今、イエスが共におられたなら、私たちに何を語り掛けられるだろう。波立つ「不安」と「恐怖」に向かって、「黙れ、静まれ」と叫ばれるに違いない。

イエスの一喝《いっかつ》、それは私たちの脳内の「不安」と「恐怖」を、沈静化させるためのものと言えるだろう。

治療の最前線では、専門的な高度の訓練を受けた優秀な医師たちが、日夜「目に見えない敵」と対峙している現実に信頼を置きたいと思う。その上で、なおイエスが信仰者に向かって「何を恐れているのか、まだ信じないのか」と問われていることを思い起こしたい。

「信じる」ということは、イエスが共にいて「すべてを善い方向に導かれる」と確信することに他ならない。そう信じ、それを言葉によって言い表すとき、脳もその言葉を聞いている。「それがこの人間の本心なのである」と脳が確信した時、過剰なストレス状態は解消されているに違いない。

「苦しい時の神頼み」はいけないと言われている。しかし、苦しい時に神に頼って何が悪いのだろう。苦しいからこそ救いを願って、新たに生きようと決意する機会が重要なのだと私は思っている。

「試練」のときは、神から与えられた「宿題」と考えてみてはどうだろう。逆境は私たちの生活態度を見直すことにつながる。この機会に、自分のこれまでの生き方に変更すべきことはないか。普段、当たり前に思っていた「安心」や「平和」、「健康」など、実はもっと感謝すべきことがあったのではと自問すること。それこそが、イエスと共に舟（教会）に乗っている私たちの持つべき心構えだと思う。

「そして凪《なぎ》になった」。そのとき、弟子たちの顔には自然とほほ笑みが戻っていたことだろう。

そのような明日が訪れることを願いながら、祈りを続けたい。

32 自粛とは「祈り」に違いない

新型コロナ禍の第二波到来の不安は拭えないものの、大嵐の到来は回避したと安心するのは時期尚早だろうか。

緊急事態宣言下で自粛を強いられる中、飢饉や感染の歴史について思いを巡らせている間、中世ヨーロッパのペスト（黒死病）のすさまじさをあらためて知ることとなった。

日本では古来、流行時には死亡率30％とも言われる天然痘が繰り返しまん延し、そのたびに多くの犠牲者を出したことも新たに学んだことである。キリシタン時代の宣教師たちは、伝染すると知っていながら、むしろ勇気を奮って天然痘患者に会いに行ったと、フロイスの『日本史』は記している。

三月初旬、教皇フランシスコがイタリアの司祭たちに向けて、「会いに行く勇気」を説いた。

病床で苦しむ人びと、とくに感染症のため家族とも友人とも会うことを許されず、臨終の床で孤独のうちに亡くなった人たちがいたからだ。遺骨にしか再会できなかった家族の悲しみ、無念さを思うと、何ともやりきれない。

歴史の中には、「会いに行く勇気」を思い起こさせる人物がいる。聖アロイジオ・ゴンザガである。

十六世紀末にローマでペストが大流行したとき、瀕死の病者を看護して、自らも病に倒れたイエズス会修練者である。このアロイジオを教皇ベネディクトゥス十三世は一七二六年、「若者」の保護の聖人として顕彰した（祝日は六月二十一日）。

アロイジオの聖人画像は、多くの場合、色白の華奢《きゃしゃ》な青年として描かれることが多いようである。個人的には一九六八年に、イタリアの郵便切手に採用された彫像の図柄に強く心を惹かれる（＝写真）。寡黙で一途な青年修練者が、瀕死の病者を背負って

医師のもとにであろうか急ぐそのたくましさに、この聖人の内面が見事に描き出されているように思うからである。

アロイジオはイタリア・ロンバルディア州マントヴァ県のカスティリオーネに拠点を置く侯爵家に生まれている。父フェランテ侯の長男として、いずれ家督を継ぐことを期待された人だった。

ところが敬虔なカトリック信者であった母マルタの影響もあり、幼少の頃からアロイジオはこの世の名誉よりも神の国への憧れを抱いて成長したという。その姿は、スペイン・ナバラ王国の貴族出身だったフランシスコ・ザビエルと重なるものがある。イエズス会への入会に反対する父を二年にわたって説得したアロイジオは、十七歳の時にようやくローマのクィリナーレにあるイエズス会修練院の門をたたいた。

青年アロイジオは、どちらかといえば生真面目で融通の利かないタイプだったらしい。同僚の日記には、「今日はアロイジオと散歩の組が同じでなくてよかった」とあるそうだ。おそらく、竹を割ったような意志の強い性格で、周囲から一目置かれていた。いや、少し敬遠されていたのかもしれない彼のプロファイル（人物像）が浮かんでくる。成績は極めて優秀で、修練者の身分でありながら、ローマ学院に哲学と神学を学ぶ機会を与えられている。

アロイジオを聖者とする出来事は、一五九〇年に始まるイタリア全土を襲った飢饉とペストの流行だった。

同じペスト禍では、就任直後のミラノ大司教カルロ・ボロメオが、感染を嫌って病人に近づかない司祭たちを叱咤激励したという話が残っている。日本の宣教地にいたフロイスも一五八七年の天然痘大流行を記録していることから、世界的に疫病がまん延した多難な時代だったことが分かる。

こうした中、アロイジオは数人のイエズス会仲間と共に、ローマで患者たちの救護活動に携わる。実家のゴンザガ家にも、救援物資を送ってもらうよう手配をしている。三週間の苛酷な救護活動の後、疲労困憊《こんぱい》したアロイジオは病床に伏した。ペストへの感染を心配したイエズス会の長上は、以後救護活動に出向くことを禁じた。

しかし、アロイジオは感染者が運び込まれない病院のみに派遣されることを懇願し、その熱意に長上もついに折れ、アロイジオは新たな活動の場、サンタ・マリア・コンソラツィオーネ病院に赴くこととなった。ペストに罹患したのは、その数日後だったと伝えられている。

ここであえてアロイジオ・ゴンザガのことを思い起こすのは、今、問い掛けてみたいことがあるからである。

現在の新型コロナウイルスの感染拡大の中で、もしアロイジオが生きていたら、果たして同じ行動をとっていただろうかという問いである。なぜなら、私たちが直面している現実は、アロイジオの登場を決して許さない社会の雰囲気に満ちあふれているからだ。

今回の新型コロナ禍が人類に叩きつけた最もずる賢く、また最も恐れるべきところは、「会いに行ってはならない」という心を人びとの心に焼き付けたことだと私は思っている。これは、人類初の試練だと言ってもよいだろう。

すでに感染していても軽症者は気付かない、全人口の半数はすでに感染しているかもしれないと言われる。故に、知らず知らずのうちに抵抗力の弱い人にうつしてしまうからだ。

若年層は重症化しないが、ウイルスを運んでいるかもしれないとされて、それでもなお出掛ける人がいるだろうか。

その「会いに行く勇気」は、現行コロナ渦では「悪」として捉えられているのである。「善いこと」を行おうとする者への、悪魔の巧妙な「封じ手」のようにさえ感じてしまう。

アロイジオのように「出掛けていきたい」と願っている司祭が私の周りには大勢いる。そのような人にとって、「自粛」とは「祈り」そのものに違いない。「出掛けていく」のも正義、しかし、「出掛けず自粛する」こともまた、神の前には尊い。

祈りとは、何もできない自分の限界を認めながら、すべてを「み旨」に委ねる心の表明だと思う。とするならば、自粛は間違いなく「祈り」となるに違いない。現代なら、アロイジオも「出ていく」ことはなかったはずである。

「出ていかない」、すなわち「自粛」は、「祈り」を伴わずしてあり得ない。新型コロナ禍が人類の歴史に加えた、新たな試練を乗り越える「鍵」というものがそこにある。

33 「目に見える教会」の力

コロナ禍によるリモート・オンライン生活も、三カ月が過ぎた。当初は不安だった大学のリモート授業も、今では日常生活の中に落ち着き始めた。

ただ、学校に行かない。しかし皮肉なことに、学生ばかりでなく、教員も仕事量は激増している。リモート対話では直接彼らの反応が確認できない分、難しさがある。やはり、「対面授業」というものには必要不可欠な効力があるようで、コロナ禍が去ればこの形式はすぐに回復するだろう。

ある日のオンラインゼミで、大学院生が話す旧東ドイツのプロテスタント教会についての発表をパソコンの画面越しに聴いていた。「社会主義圏におけるプロテスタント教会（ルター派）」というテーマが新鮮だった。

そういえば東欧圏の宗教事情について、ポーランドやリトアニアのカトリックはともかく、プロテスタント教会についてはほとんど聞いた記憶がない。第三帝国（ナチス国家）の下《もと》、弾圧に苦しんだ東ドイツのプロテスタント教会は、戦後の社会主義陣営でよりいっそう苦労したと知った。彼らは少数者の社会運動のようにして命脈をつないでいたようである。

東独のキリスト教団体は消滅を免《まぬか》れこそすれ、非常に不安定な時代を過ごしたことは確かだ。社会主義国家の下《もと》、人びとは「教会」の意味を見失ってしまった。とくに、青少年にキリスト教が何であるかが伝わらず、宗教に対して政府が特別に何を妨害するでもなく、自然としぼみ衰えていく趨勢に任された状況だった。

東独のキリスト者の間では、無関心がまん延したことも事実のようである。

宗教改革者マルティン・ルターは、「信仰のみ」の標語で、「神と私たち人間」の関係を極めて主観的な心の中の絆として表現し、その介在としての「目に見える」客観的教会というものに重きを置かなかった。

「目に見える」客観的教会が重要視されないことの危険は、戦後の東ドイツのような地域ではっきりとその姿を現すこととなった。それは具体的な人びとの〝絆の希薄化〟というものをも意味する。「教会に行かなくても信仰があれば」という心は、やがて、信仰を守る唯一の拠《よ》り所をなくしてしまう。

「目に見える」というのは、そうした危機の時に、思いもよらない力を発揮するわけである。

第二次世界大戦後、教会を敵視した東欧圏においては、「目に見える」教会を大切にするカトリック教会のほうが堅固に生き続けた。政府が「目に見える」教会を否定すればするほど、その力は逆に増していったのである。

今は教会に行くことができないが、神と人、人と人との真の交わりが持たれる「目に見える教会」に足を運ぶ日が、耐えて待てばいつの日か必ず到来するという希望が、人の心をより堅固にし、つなぎとめたからである。三カ月の間、コロナ禍で主日のミサにあずかれなかったカトリック信徒は、戦後の東欧圏の信徒がどのような心で忍耐したかをよく理解できるはずである。

「神と私」の絆は、もちろん心の中だけでも実現はする。しかし、形ある「目に見える」教会とその「記憶」をしっかりと持っているなら、心の絆は持続し、廃れてしまうことはなく、むしろ希望の中でより強固なものになる。

江戸時代、二百五十年の長きにわたる「キリシタン潜伏時代」にキリスト者が、今は目の前に存在しない「教会」とその「秘跡」を思い浮かべながら、先祖の残した「記憶」を頼りに待ち続け、七代耐えた後に、実際の教会の扉をくぐる日を迎えたという奇跡的な出来事も、こうした「目に見える教会」とその記憶を、希望と共に持ち続け、耐えて待つことによって実現した。

そして、目に見える「教会」が指し示すもの、それは「秘跡」に他ならない。イエス・キリストが残した救いのための目に見える「しるし」は、この客観的な、建物として伝えられる。そして神と人、信徒一人ひとりの絆を育む「教会」以外の場ではあり得ないという確信が、その絆をさらに強くするのである。

最後の晩餐の折、イエスが自ら唱えた言葉を「パンとぶどう酒」の形を通して伝え続けてきた歴史の神秘が行われる場、それが「目に見える教会」の姿である。

二千年前の出来事が、今も変わることなく、「形」を通して実現していく。たとえ、いかなる災害、戦争、疫病がまん延したときでさえ、途切れることなく連綿と伝え続けられてきたその行為の不思議さというものを思う。

その神秘を実現していくのが、「目に見える教会」の力だと言える。

コロナ禍で得た教訓は少なくない。制限された環境の中で、私たちは「目に見える教会」を希求し続けたということ。「教会」と「秘跡」の大切さに深く思いを馳せることによって、その重要性に気付けたこと。それが、このたびの災厄の中での最大の収穫だったのではないかと思っている。

34 ザビエルの直感

――日本人はすでに「神」を知っていたか

梅雨が明けて真夏の日差しがまぶしい頃になると、いつも山口・瑠璃光寺の蝉時雨《せみしぐれ》の中、ザビエルに思いを馳せた遠い日の記憶がよみがえる。今も当時のままの姿で優雅に屹立《きつりつ》する瑠璃光寺の五重塔を、ザビエルも見上げたに違いないと感慨にふけった思い出である。

一五五一年四月、深い失望と共に「都」から戻ったザビエルは、山口の大内義隆を表敬訪問する。同じ頃、ザビエルの周辺では仏僧たちが執拗に対話を求めてくるという興味深い出来事が起こっていた。それはもっぱら「真言宗」の僧侶たちだった。宗派にこだわることによって見えてくる歴史的事実は少なくはない。

真言宗の僧侶たちは、片言の日本語を話すザビエルの説法を、日本語力がまだ初歩の段階だったスペイン出身のフェルナンデスや、キリスト教の教義に精通していない薩摩人ヤジロウの通訳で聞き知るのみで、何とも心もとない状況だった。

しかし、僧侶たちはザビエルの語る「神」が自分たちの「大日如来」と同じだと聞いて大いに喜び、盛り上がっていた。この「誤解」については、これまでもザビエル関連の書物に「デウス」(Deus)と「大日」(Dainichi)の言葉の使用問題などとして説明されている。

しかしながらザビエルが、この誤解に立ち止まって熟考しているのが気になる。「日本に、ある時代に神やキリストの知識が伝えられたのではないかと思い、これを調べるために大変苦労しました」という言葉を残しているザビエルは、この時、いったい何を思っていたのだろう。

そんなことを考えたのは、最近、興味深い本を見つけたからである。その本は、真言宗の開祖・空海(弘法大師)と、中国に八世紀から九世紀にかけて大流行した「景教」(キリスト教)との関係を指摘するものだった。

「景教」は、ローマ帝国時代、エフェソおよびカルケドン公会議の論争に敗れたネストリウス派が異端として追放された後、ニシビス(現トルコ北部)を拠点にシルクロードを経由して唐にまで広まった教えである。この景教は、ユダヤ教から改宗したキリスト者(アッシリア教会とも)を多く抱えていたとも言われている。

景教が中国で流行したことは、十七世紀に出土した『大秦景教流行中国碑』の碑文によって明らかになった（この碑文は、イエズス会宣教師がラテン語訳をつくって世界的に有名となった）。

この碑文から、「唯一神」、「三位一体」、「キリストの贖罪」などの教義が、八世紀の中国に確かに伝えられていたということが判明した。唐の首都・長安には「波斯寺《ペルシャ》」（後に大秦寺と改称）という景教の寺院も建立され、大いに隆盛を誇っていたという。

『大秦景教流行中国碑』を作成したのは、景浄という景教徒である（七八一年）。

景浄は、ソグド語の密教経典を般若三蔵と共に翻訳した。その般若三蔵は七八八年に書かれた『貞元新定釈教目録』という書の中でも紹介されていて、この書の著者は空海が遣唐使として滞在していた西明寺の円照という僧で、空海はこの人から仏教を学んでいる。そうした背景から、空海の般若三蔵および景浄との接触の可能性というものが、景教研究者らによって主張されている。

結果、空海が日本に持ち帰り、体系化した真言密教の中に、景教経由のキリスト教の痕跡が存在していても不思議ではないということになる。山口でザビエルが相手をした真言宗の僧侶たちの喜びを、まったく根拠のない誤解として切り捨てるわけにはいかない理由がここにある。

ザビエルは真言宗の僧侶たちの態度から、日本人にはすでにキリスト教の「神」が形を変えて伝えられているのではないかと、直感的に感じとっていたようだ。

『大秦景教流行中国碑』のことがヨーロッパに初めて報告されたのは、碑が出土した直後の一六二五年なので、ザビエルが景教のことを知っていたはずはない。インドのゴアに滞在中、ネストリウス派の東への広がりについて知識を得ていたかもしれないが、それが中国に関連したことまでは知らなかったであろう。にも関わらず、ザビエルは真摯に真言宗僧侶たちに向かい合ったのである。

数日の熟考の末、ザビエルは仏僧たちにあえて重要な質問を投げ掛ける。「(あなたたちは)至聖なる三位一体の玄義やデウスのペルソナの関係、また至聖なる三位一体の第二のペルソナが肉体を持ち、人となり人類を救済するために十字架上で死に給うたことを信じたり、説いたりするかどうか」(フロイス『日本史』)と。

この質問は、ここまでの背景説明抜きには、きわめて突飛な(文脈から逸脱した)印象を与える箇所である。真言宗の僧侶に向かってザビエルはなぜ、三位一体論や十字架の贖罪についての問いをあえて投げ掛けたのかと。

研究者によると、「真言密教」と「キリスト教」との最大の違いは、宇宙の中心である神的存在が万物の創造者か否かという点にあるという。ザビエルはまさにこの点も問いただした。その結果、「文書や伝承によっても、神についての知識があったという確証を得られなかった」と、イエズス会ローマ本部のイグナチオ・デ・ロヨラに報告している。

現代の人は、ザビエルと僧侶たちとのこの対話を、ごく初歩の誤解に満ちた、取るに足りない内容と思いがちである。しかし、パリ大学の修士号を持つ俊才ザビエルが、宗教者たちの何気ない会話や態度の中にも見逃すことのできない奥行きを直感しているという事実は、極めて重要である。

私たちの諸宗教対話は、そうした深層レベルにまで掘り下げていかなければならない、ということなのだろう。

35　ザビエルはなぜ中国宣教を目指したのか

一五四五年、まだ日本渡航を考えてもいなかったザビエルは、モルッカ諸島周辺（現インドネシア）で、「中国（チナ）」についての情報をあるポルトガル人から受け取ったことを書簡で報告した。

「中国（チナ）」（の宮廷から来たという）人の話によれば、（ある都市周辺の）山岳地帯に、他の民族と離れて住んでいる多くの人がいて、彼らは豚肉を食べず、いろいろな（宗教的）祝日を遵守しているとのこと。（中略）ユダヤ民族であるかどうか、詳しくは私（ザビエル）には分かりません。しかし、人びとが言うように彼らがイスラム教徒でないことは確かです。

（ザビエル書簡、一五四五年五月十一日付アンボン発ヨーロッパ会員宛て）

同じ書簡には、十二使徒の一人トマスが「中国」にまで到達したとのうわさについても書かれている。豚肉を一切口にしないのは、ユダヤ教徒かイスラム教徒だけである。ザビエルがイスラム教徒をあえて除外していることから、ユダヤ人の末裔《まつえい》か、あるいはインドに到着してから知った東方キリスト教徒（キリスト教に改宗したユダヤ人）である可能性を、思い巡らしていたのかもしれない。この時点で、ザビエルは中国における「景教」流行の史実について何も知らず、「より詳しく調べてみる」と記すに止めている。

ザビエルはなぜ、わずか二年という日本宣教の途上、突如として中国への渡航を熱望したのかを考えるとき、その唐突さに不自然さを感じずにはいられない。従来の説では、「日本人の文化全般に非常に大きな影響を与えている『中国』で、改宗者を得ることができれば、日本宣教に利する」とする、日本のための中国渡航説が有力とされてきた。

しかし、日本におけるザビエル研究の第一人者である岸野久氏は、ザビエルの中国渡航の目的が中国そのものへの期待であり、日本と関連付けることには無理があると指摘している。使徒トマスの痕跡を確認するため、そしてキリスト教徒らしき民族がすでに住んでいる中国宣教がザビエルの最優先課題だったというのである。

ところで、中国にいた不思議な山岳民族の宗教者とキリスト教はどうつながるのだろう。

初代キリスト教共同体は、紀元一世紀末までに、エルサレム、アンチオキアを起点として、東西に拡大浸透した。共にユダヤ教会堂を中心に最初の信徒を獲得したという共通点はあったが、西（ギリシャ正教、ローマ・カトリックなどを含む）はその「ユダヤ教的要素」を極力排除しようとし、東はその要素をむしろ積極的に残した教会だった。

東方にはアラム語（イエスと弟子たちの言葉）を話す「ユダヤ人キリスト者」と呼ばれる人びとが多数存在した。現在のイラク・イランの北部周辺に拡大した「東方アッシリア（東シリア）教会」がその中心拠点となり、サーサーン朝ペルシャの保護の下で栄え、シルクロードを経由して中国に入り、「景教」と呼ばれた歴史を東方キリスト教史の第一人者であるアズィス・アティーアなどが強調している。

従来の歴史教科書は、中国の「景教」が「ネストリウス派」の伝播したものであるとだけ説明する。その記述から生じる印象は、「景教」がキリスト教の正統派から分離した異端につながる教えであり、元のキリスト教とは相容れないものだというミスリード（誤誘導）を引き起こす。しかし、「景教」の伝統は、ネストリウス派の「異端」

要素だけで語り尽くすことは到底できない。景教は、五世紀以前から続く長い歴史と豊かな伝統を持ち、東に伝播した初代教会の本質をも受け継いでいる。初代教会以来、東方において広がり成熟したキリスト教集団が（ユダヤ人共同体を基盤として）すでに存在していて、そこにネストリウス派の合流を伴って、七世紀半ばに中国に入ったという説明が正確なのである。

五世紀にローマ帝国内で開かれた公会議で示されたようなキリスト論的相違は、教えの東漸《とうぜん》に際しては、さして大きな問題とはならず、ただ「イエス・キリストの教会」が伝えられたと現地の人びとは考えることができたのだろう。

一九九四年十一月十一日、教皇ヨハネ・パウロ二世は東方アッシリア教会のマル・ディンカ総主教と合同会見を開き、この会見を「姉妹である」両教会の「完全な交わり」に至るための第一歩にすると発表した。教会的交わりを完全に回復する聖体祭儀を共有するまでには至っていないものの、「信仰における深い霊的交わり」と「相互信頼」が確認できるとの宣言だった。

この合同宣言は、二〇一八年十一月九日、教皇フランシスコと総主教マル・ゲワルギス三世によっても追認されている。両教皇と両総主教は、五世紀に生じたキリスト論的相違による分裂よりも、初代教会以来の「信仰の一致」をより強調し、和解の心を育んだものと言えよう。その姿勢は、七世紀に「イエス・キリスト」の信仰を受け入れた時の中国の人びとの態度でもあったと思う。

もしも、ザビエルが中国渡航に成功し、東方キリスト教の末裔《まつえい》と合流できたとすれば、彼は使徒聖トマスの伝説とも重ね合わせて、初代教会につながる大きな流れに気が付いたはずである。キリストの信仰において一致する可能性を示した現代の教皇と総主教たちの思いも、五百年前、中国宣教の熱意に燃えたザビエルの思いにつながっていると考えたい。

36　シルクロードで天国を見つけた男の話

一六〇七年の春、中国甘粛省・嘉峪関に近い粛州で一人のポルトガル人がこの世を去ったとの知らせが、北京のマテオ・リッチ（利瑪竇）のもとに届いた。亡くなったのはイエズス会修道士のベント・ゴイス（Bento de Goiz／享年45）で、数年の歳月をかけて、インドのアグラからラホール（パキスタン）、カブール（アフガニスタン）、カシュガルを経由し、シルクロード天山南路を数千キロ旅した後に、万里の長城の西の端に当たるこの地で力尽きたという経歴の持ち主である。リッチは彼の死を深く悼《いた》み、その名を後世に伝えるべく、ゴイスに中国名の鄂本篤を与えて顕彰した。

大西洋の中央に位置するポルトガル領アゾレス諸島に生まれたゴイスは、二十二歳の時、兵士としてインドのゴアに赴き、そこでイエズス会への入会を果たした。彼については、「あまり文化人的な性格を持ち合わせていなかった」とは同僚の言である。しかし、このゴイスは後に、ムガール帝国の宮廷でアクバル帝の信頼を勝ち得るまでになったと伝えられている。

ゴイスがゴアのイエズス会に入会した当時、会員の間では一つの議論が持ち上がっていた。『東方見聞録』でマルコ・ポーロが語った「カタイ」(キャセイ)という場所は、マテオ・リッチたちが報告する「中国」と同じなのかどうかというのである。マルコ・ポーロによれば「カタイ」にはキリスト教が広まっていたとされ(「景教」のこと)、マテオ・リッチはインドから海路、マカオを経由して当時キリスト教徒を見いだせなかった中国に入ったため、マルコ・ポーロやイスラム商人たちが語る「カタイ」と、リッチの「中国」とが同じものとは誰にも想像できなかった。

この議論はやがて、インド総督やゴアの司教の耳にも入り、それを確かめに行く勇気ある人材が求められた結果、探検家気質のゴイスに白羽の矢が立ったという。

ゴイスに託された使命は、第一に、シリア・ネストリウス派のキリスト教徒共同体の痕跡を見つけ出すことだった。

さらに、十三世紀のフランシスコ会宣教師によって改宗したキリスト者たちの消息確認という任務も加えられた。

これらの確認作業は、「中国」が「カタイ」と同じであると確定されて初めて、可能になる事実なのである。

この大計画にムガール帝国のアクバル帝が支援を約束し、ゴイスを東へ向かう隊商の一員に加えてくれ、旅の途上、彼が各地で苦労しないようにと推薦状まで持たせてくれた。ただし、皇帝の推薦状をもってしても、この旅の困難が軽減される保証などどこにもない。シルクロード横断の隊商は、外敵からの防御のために少人数では編成されず、五百人規模の大隊から構成されるのが常だった。いずれにしても、皇帝の支援が無ければ到底実現しない計画であったことは間違いない。

パミール高原を越え、カシュガルのヤルカンドで一年ほど足止めを食った後、ヤルカンドの王の後援の下、再出発できたゴイスは、

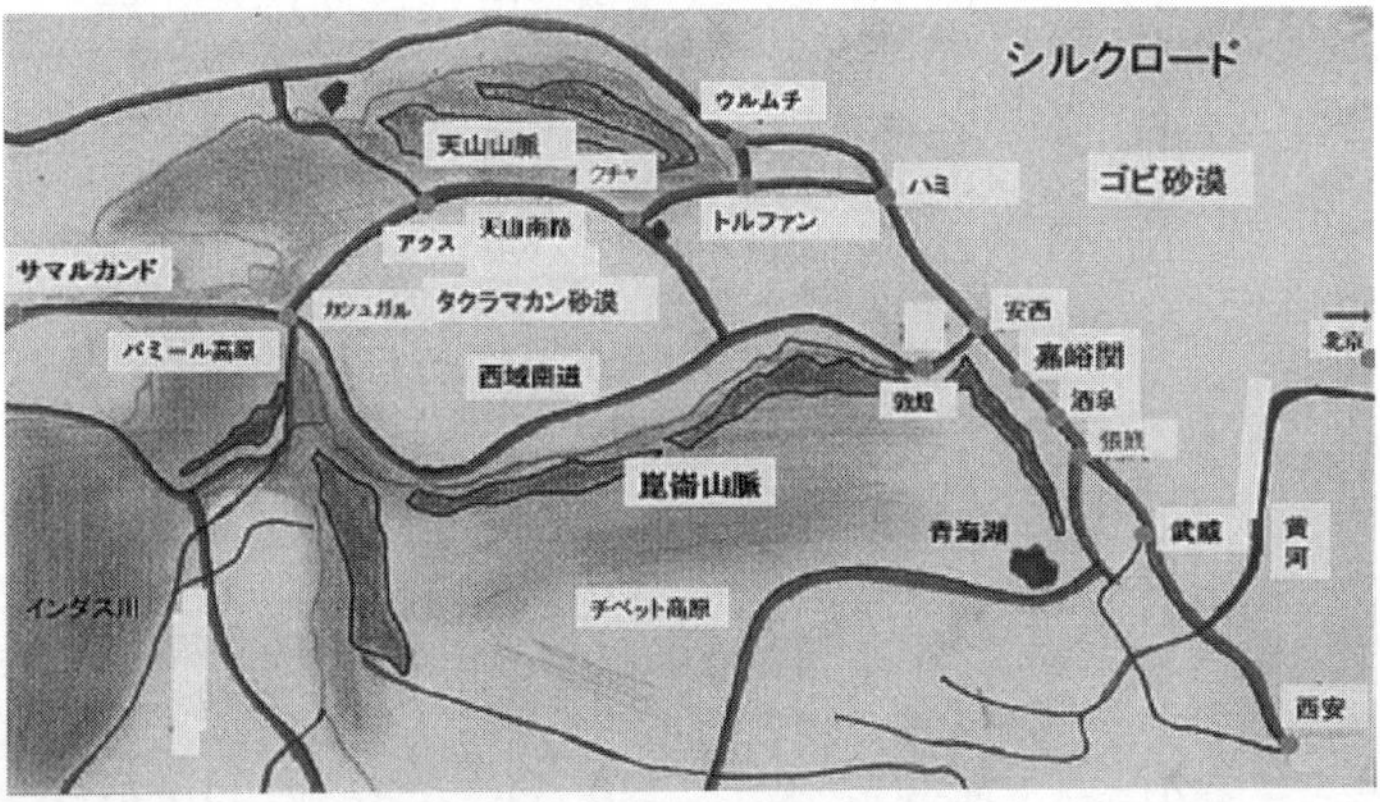

「シルクロード地図」

一路、アクス、トルファン、ハミの各都市を通過するシルクロードの「天山南路」横断を決行する（以上は、彼自身の断片的手記から知られる事実）。天山山脈の南、タクラマカン砂漠の北を抜けていく道、ここは現在の「新疆《しんきょう》ウイグル自治区」に当たる地域である。

十数年前、真夏に北京からローマへ空路で向かった際、この地域の一万メートル上空を飛んだことがある。荒涼とした黄土色の砂漠と、褐色の山脈の奇妙なコントラストが印象的な風景だった。古来、多くの隊商が往来したであろうシルクロードが、かくも過酷な自然の真っただ中にあることなど思いもよらぬことだった。

天山山脈の麓を過ぎ、トルファン手前のチャリス（焉耆）にたどり着いたゴイスは、偶然、北京でマテオ・リッチと共にいたというイスラム教徒に出会う。それは、ゴイスの探し求めていた一つの答えが出た決定的瞬間だった。

もはやどこに向かっているのかも分からなかった「疑心」が、古《いにしえ》の隊商が行き来した「カタイ」こそリッチの居る「中国」だという確信に変わったのは、まさにこの場所の出会いにおいてだった。

一六〇五年十二月、粛州に到着したゴイスは疲労困憊《こんぱい》して病床に伏し、それ以上、東へ進むことを断念せざるを得なくなる。そこで、翌年の復活祭の頃、北京のマテオ・リッチ宛ての書状を旅人に託すが、宛て先にリッチの中国名を書かず、住所もラテン文字で記したため、手紙は行方不明になる。八カ月後、ゴイスの出した第二の手紙が奇跡的に北京のリッチに届き、すぐに中国人のイエズス会員で、ポルトガル語ができる鐘鳴礼（Zhong Mingren）が北京から二千キロ離れた粛州にゴイスを迎えに行くために派遣された。この中国人イエズス会員がゴイスと対面したのは、一六〇七年四月。ゴイスが自らの使命を達成した喜びをかみ締めながら天に召される、そのわずか数日前のことであった。ゴイスは臨終の床でこう書き残している。「私はカタイを探し求めてさまよい、ついに天国を見つけた」と。そして彼は、「カタイ」と「中国」が同一のものであることを自らの足で確かめた最初のヨーロッパ人となった。

シリアのネストリウス派キリスト教徒も、フランシスコ会の宣教師も、そしてあのマルコ・ポーロも自分と同じ道をたどったと分かった時のゴイスの感動は、どれほどのものだったであろうか。彼は一人のキリスト教徒も、またその痕跡も発見するには至らなかったが、その仕事は後のイエズス会員たちの手にしっかりと委ねられた。

ベント・ゴイス。あまり知られていないこの名前は、地上における「神の国」が歴史的に確かにつながっていたということを実証した人のものとして、宣教に関心を持つ全ての人の心に末永く記憶されていくに違いない。

37 「どん底」に見いだすもの

NHK連続テレビ小説『エール』が今、静かな評判になっている。戦前・戦中・戦後にかけて数多くの大ヒット曲を手掛けた作曲家の古関裕而《こせきゆうじ》をモデルにした作品である。

史実に即している部分とそうでない部分、つまり虚実があいまいで、その歴史考証に問題を投げ掛けている批評家も少なからずいるが、この作品は、二〇二〇年のコロナ禍の中にあって、意義のあるドラマになっている。

明治維新から敗戦まで七十五年、敗戦から令和元年まで七十五年。東京オリンピックと共に新たな希望の時代の幕開きを信じていた日本人は、二年前の今頃は予期さえしなかった苦境の中に今ある。ドラマを通して過去百五十年の歴史を振り返る作業は、そのどの出来事一つを取ってみても貴重なものに思える。

このドラマで個人的には、とくにカトリックの立場から、永井隆博士の名著『長崎の鐘』がどのような楽曲に結実するのか、その背景がどのように描かれるのかと、放映の日が楽しみだった。そしてそのシーンは、第九十五回に登場した。

敗戦後、途方に暮れる主人公・古山裕一は、戦中に軍歌を作曲して国威発揚に協力した結果、多くの若者が戦地で死んだ責任の一端をわが身に背負い、一人苦しんでいた。その裕一が、長崎の壮絶な被爆体験を綴って世間の共感を得た永田武医師を訪ねるという設定である。

永井博士をモデルにした永田医師は、あの原爆の惨状を前にして、一人の青年が放った問いを裕一に静かに示すのであった。「神は本当にいるのでしょうか」という問いに、答えはあるのかと。

その答えを探して苦悩する裕一に対して、「自分を見つめても何も見つからないのに…」と永田医師はため息をつく。むしろ逆に、「落ちて落ちてどん底まで落ちろ」という言葉の中に答えがある、と諭す。

爆心地の教会跡で「どん底に大地あり」という壁に書かれた言葉を見て、その意味を悟った裕一は、その思いを曲に託した。そしてそれは、もの悲しい響きの短調から始まって、やがて長調の明るさへと移行するあの名曲「長崎の鐘」の誕生へとつながっていった。

目を覆う惨状を前にして、絶望してしまいそうになる人間は、「神は本当にいるのか」「神はどこにいるのか」「神など存在しない」と問い続けた。この問いは、古来、多くの哲学者が答えを求めていたもので、十七世紀のドイツの哲学者ライプニッツは、「神義論」というテーマにそれをまとめた。

「善なる神、完全である神が、なぜこの世に悪や苦悩を創造することができるのか」との問いは、神の存在を信じた結果、その存在に絶望した無神論者たちのテーマでもあった。

フランシスコ・ザビエルの来日以来、日本人たちは数限りない質問をザビエルに投げかけたが、その最も重要な問いはこの「神義論」のテーマだった。ザビエルが離日して以後、日本に残った宣教師たちも同じ質問を繰り返し、問いただされた。宣教師たちは、人間には自由意志があり、そのために神は悪の存在をも残しておかれたと説くのが精いっぱいであった。

しかし、「なぜ善なる神と悪の存在が両立するのか」という問いには答えていない。つまり不可解さを残しているのである。

以前、このエッセーで紹介したことがある井上筑後守政重《いのうえちくごのかみまさしげ》が、キリシタン信徒を拷問する際、徹底的に繰り返したのもこの「神義論」の問いだった。穴吊りの拷問に遭いながら、苦しみつつ、死ぬことすらも許されない信徒たちに、信仰の根幹にある「それでも神はいるのか」と問い続けることで、多くの人たちの心は打ち砕かれてしまっていた。

九年半前の東日本大震災の時、津波が発生して数日後に現地に立った一人のジャーナリストは、そのあまりにもむごたらしい被災地の姿をカメラに収めながら、「神などいない！　今まで神と思っていたものは自分が勝手に拵《こしら》えた張りぼて人形のようなものであった。これからはそう自分に言い聞かせて、自分の足で歩んでいく」との宣言文を残した。残念ながら、この態度に賛同することはできない。なぜならここに「希望」への転機は見いだせないからである。

この大震災の直後、「神様はなぜこのようなことをなさるのですか」という日本の小学生の問いに対して、時の教皇ベネディクト十六世は、「私にも分かりません。ただ祈ることしかできません」という趣旨の発言をしている。

ドラマ『エール』の永田医師は、そうした「神義論」に、これまでにない一つの答えを付け加えたように思う。

「どん底まで落ちろ」、「自分自身を振り返っているうちは、希望は持てない。どん底まで落ちて、大地を踏み締め、共に頑張る仲間がいて、初めて真の希望が生まれる」のだと。

「どん底まで落ちた」人間にとって、その大地に踏ん張って立った人間にとって、「神は本当にいるのですか」という疑問ではまだ足りない。「どん底」で見つけるものは、悲嘆や諦念、自暴自棄ではない。むしろ、人間がそこで見いだすのは「希望」でしかないという真理は、自ら「どん底」を体験した医師・永田だからこそ語れる真理なのだろう。

裕一はこの真理に目を開かれていくのである。

キリシタン史の中でも、神への信仰を最後まで捨てず殉教していく多くの信徒がいた。また、「神などいない」とうそぶきながらも、死ぬまで神を追い求めた哲学者たちもいた。

震災のがれきと泥溜《だ》まりの中、死臭漂う現場で「生き続けよう」と決意した人たちがいる。そうした人は一人の例外もなく、どん底の大地を踏み締めて歩み続ける「何か」を見つけることができたのだろう。

彼らは「諦めなかった」、それが何よりの証拠である。そうしたことを思い起こさせてくれる『エール』の「神回」だった。

38 「境界」を接すること

ユーラシア大陸の地図を眺めながら、今回も宗教の伝播《でんぱ》にこだわりたい。十六世紀のイエズス会東洋（インド）宣教について思いを巡らせていた時、今更ながらある事実に気が付いた。

ヨーロッパのイエズス会員はインドの西海岸（ゴアやケラーラ地方）、北はムガール帝国の首都アグーラまで足を運んでいるのに、同じ時期に、彼らがガンジス川流域からバングラデシュ辺り、すなわちインド東部の地域に踏み込んだ形跡が見当たらないのである。

この地域でイエズス会の宣教が開始されたのは、西欧列強の力を背景として、交通事情が進歩した十九世紀半ばのことである。十六世紀当時は、まだ越えられない「宗教の壁」が強く意識されていたということなのだろうか。

ヒマラヤ山脈の南、ガンジス川流域のインド東部は、いにしえの「天竺《てんじく》」（中天竺国、コーサラ・カーシー・マガダの国々と、釈迦が説法を行った場所[29]「霊鷲山《りょうじゅせん》」）に当たるとされ、釈迦の布教活動と合致した仏教発祥の地であり、ヒンドゥー教の盛んな地域でもある。

イエズス会の宣教方針の結論からすれば、宗教地図は「インド」を一括《ひとくく》りにして捉えることは無理であり、インダス川流域とガンジス川流域の宗教地図は、はっきりと塗り分けられていたという事実に、あらためて気付かされる。

ヒマラヤ山脈以南のインドにおいて、古代（一世紀から二世紀）のキリスト教宣教の東の限界と仏教伝播《でんぱ》の西の限界とが、東経七五度から七六度線付近でほぼ一致しているとして、仮に「宗教分界線」と名付けたことは以前指摘した。

キリスト教は教勢をそこからさらに東に伸ばすことは難しく、仏教もまた、西に進むことはできないという、互いの宣教の「境界地帯」である。両者は、屏風《びょうぶ》のように立ちはだかるヒマラヤ山脈の左の端を迂回するようにシルクロードに活路を見いだして、中国方面へ延びる道を見つけたという共通点を持つ事実はあるが、それはいずれも、この「宗教分界線地帯」の北端を経由してのことであった。日本にまで到達した仏教の流れは、このインド中部地域のＤＮＡを色濃く残して伝えられたのは明らかで、それはインド南部、スリランカを経由した仏教とは異質のものだと思われる。
この「宗教分離境界」地帯で、キリスト教と仏教が紀元二世紀前後に邂逅《かいこう》していたのではないかという可能性に、思いを巡らせてみたくなった。

「境界」は、「分離」をも意味するが、それは同時に「接触」「交わり」の現場でもある。反発や挑戦ばかりでなく、互いに触発し成長するポジティブ（肯定的）な面もあったはずである。この地域で紀元二世紀頃、仏教とキリスト教という二つの異なった、しかし共に「人類すべての救い」を希求する思いが接触し、互いに何らかの影響を与えあったとしても、それはあながち根拠のない空想ではないような気がする。

仏教側から見ると、釈迦とその弟子たちに当初意識されていなかった「衆生《しゅじょう》の救い」（全人類の救い）を積極的に「宣布」するというテーマが、西暦紀元後、西へ教勢を拡大しながら、この境界地帯において意識されていった。

仏教の「大乗」化は、この地域で進んだように見える。実際、西方宗教（キリスト教）と接する機会のなかった南部の仏教（上座部仏教）においては、「すべての人類の救い」を広めるという意識はあまり強く押し出されていない。

ルカ福音書の「放蕩息子」の喩《たと》え話が、大乗経典の『法華経』[30]「信解品《しんげほん》第四」（長者窮子）と類似していることはよく知られている。これまで、この類似はキリスト教が仏教から受けた影響の結果だと信じて疑わなかったが、全く逆に考える道もあることを最近になって知ることができた。

仏教学者の中でも原典成立史に興味を持つ研究者らによると、『法華経』の成立時期は、西暦五〇年から一五〇年頃とされている。その最古の原文写本は中央アジア、カシミールなどで発見されている。

キリスト教の福音書が東方に伝えられたのも同じ時期である。つまり、キリスト教の影響が仏教側に伝わったと考えることも可能ということになる。いずれにせよ「放蕩息子」の説話と仏教のそれとの共有は、両者が「接触」していたことと、双方向の「影響」を物語るものに違いない。

ここで、仏教とキリスト教のどちらが先だとかの優劣を論じるつもりは毛頭ない。大事なのは、両者が「接触」し、互いに「影響」を与え合った事実があったのではないかということである。

「救い」を希求した人類が、別のプロセス（過程）を通って達した結論が、実はまったく無関係ではなく、むしろ互いに関連付けられていたということは大きな喜びに違いない。たとえ、後の歴史が対立の繰り返しになったとしても、そのことは大切である。「救い」とは、来世における解放や悦楽（パラダイス）への確信を抱かせるだけに止まらない。むしろ、この世の、苦しくつらく厳しい現実を生きていく上で、その歩みを止めてしまわぬよう、「希望」に目覚めさせること。それもまた「救い」であろう。とすれば、「救いに目覚め」させることにおいて、優劣や後先《あとさき》はない。

宗教間対話やエキュメニカル（教会一致）運動の原点には、そうした根本の「共通性」への認識と、そこから来る相互の尊敬の念がなくてはならないと強く感じた次第である。

【注】

29　インドのビハール州のほぼ中央に位置する山。大乗経典では、釈迦がこの山にしばしば留まり、『感無量寿経』や『法華経』など、多数の経を説いた山として知られる。山の名前は、山頂が鷲のくちばしに似ているとも、山頂に鷲が住んでいたとも言われる。

30 法華経に説かれる七つの喩《たと》え話の一つ。「信解品」の「解」とは理解すること。「信」はその理解がすっかり心に定着して、少しも疑うことのなくなった状態のこと。

39 『ラ・チビルタ・カットリカ』誌のこと

イタリア・カトリックを代表する雑誌『ラ・チビルタ・カットリカ（La Civiltà Cattolica）』の日本語版が刊行されるという報（カトリック新聞二〇二〇年十一月二十二日付）が出たので、今回はこの伝統と格式の高い雑誌から、日本とバチカンの関わりについて、歴史的エピソードの一つを拾い上げてみたい。

『ラ・チビルタ・カットリカ』誌は、ローマ教皇ピオ九世の委嘱によって一八五〇年に創刊された、世界に現存するカトリック雑誌の中で最古のものである。二つの世界大戦などで幾度かの中断はあったものの、隔月の刊行を百七十年間続けてきた、カトリックのオピニオンリーダー的存在として今日に至っている。

十九世紀、二十世紀のバチカンと国家の紛争期を生き抜いた、混迷時代のカトリック教会の代弁者としての「顔」も併せ持っている雑誌である。

この雑誌の執筆者が全員イエズス会員であること、当初は匿名だったが、やがて記名記事へと移行したこと、バチカン関連の発行物としては異例の、ラテン語ではなくイタリア語のみを使用して発足したという特徴がある。

今、私の手元には、この雑誌の一九七一年の興味深い記事がある。それは、「一九四五年のバチカンにおける日米和平工作」（四月三日号）と題されたものだ。（邦訳版第六号掲載）

太平洋戦争末期の一九四五年六月に、日米和平交渉がバチカンの仲介によって実現されかけたにも関わらず、頓挫した舞台裏を、そのバチカン側の当事者であるエディジオ・バニョッツィ枢機卿がインタビューで語るという形で、イエズス会のロバート・グラハム神父がまとめたものである。この事実は、日本ではほとんど知られていないが、極めて重要な歴史的証言であることに違いない。

バチカンによる日米和平工作の仲介については、これまでも、当時の原田健公使と共にバチカンに滞在した金山政英代理公使の手記（『誰も書

「エディジオ・バニョッツィ枢機卿」

かなかったバチカン—カトリック外交官の回想』一九八〇年、サンケイ出版）や、米国戦略情報局（OSS、現在のアメリカ中央情報局〈CIA〉）の工作員マーティン・キグリーによる回顧録（『バチカン発・和平工作電—ヒロシマは避けられたか』一九九二年、朝日新聞社）によって一般にも知られるところとなった。

しかし、肝心のローマ教皇庁（バチカン）側や、当時の日本政府の対応については、いまだベールに包まれたままである。終戦後二十五年が過ぎたころ、この和平交渉のバチカン側当事者であるバニョッツィ枢機卿が『ラ・チビルタ・カットリカ』誌に語ったこと、それ自体が大きな反響を呼ぶものだった。

バチカンの仲介による日米和平工作案とはいったい何だったのか。

一九四五年六月に米国OSSの工作員が、在ワシントンDCのバチカン教皇使節館に勤務していたバニョッツィ神父（当時）に、米国の提案による和平案があることを伝えたのが事の発端だった。

神父はそのことを伝えるべく急きょバチカンに戻るが、一米国人の工作員がアメリカ政府の信任もなしに伝えた情報が、果たして信頼に値するのか。また、日本の敗戦を前提とした提案を日本政府に直接伝えても無視されるだけだろうと神父は考えた。

バニョッツィ神父は思案した結果、公式の外交ルートではなく、個人的に親しいバチカン在住の冨澤孝彦神父（後のカトリック札幌教区司教）を通じて在バチカン日本公使館へ伝えた。その後で正式に教皇庁および日本政府への伝達を計画するということであった。その辺りの在バチカン公使館の葛藤というものは、前述の金山政英代理公使の手記に詳しく記されている。

グラハム神父のインタビュー記事によれば、和平案は驚くべき内容だった。アメリカは日本を占領するが、天皇制は護持する。日本の海外領土については言及しない、ということだったようだ（内容については異論もあるらしい）。

こうしたアメリカ側からの情報に対して、在バチカン日本公使館内では激論が交わされていたと、金山氏は述懐している。「敗戦を前提とする講和条件」など伝えるべきではない。戦い半ばにして諦めた「国賊」の汚名を受けるという意見と、戦争遂行はもはや不可能と判断し、藁《わら》にもすがる思いで和平調停を整えようとする外交官たちの戸惑いと矜持《きょうじ》がぶつかり合ったと金山氏は書き記している。

結果的に、この情報は日本政府に打電され、バチカン在住の日本人たちは一日千秋の思いでその返事を待っていたが、日本政府からは何の反応も示されなかった。当時、海外における和平工作は複数存在したこと。さらに、日本政府は、和平仲介をソビエト連邦に期待していたという経緯があったのは戦後になって判明したことである。

在バチカン日本人たちの決死の覚悟は、日本政府によって無視された。それによって、日本は青天の霹靂《へきれき》であるソ連の参戦と、二つの原子爆弾を被弾するという結末を招き、とうとう「無条件」に降伏を受け入れる結果が待っていたのである。もしこの和平案が日米両国で共有され、関係者が一堂に会することができていたらと、残念に思わずにはいられない。

時の教皇ピオ十二世に、果たしてこの情報は伝えられていたのかどうか。バチカン国務省にはその情報は共有されていたのか。バチカン側の和平交渉当事者であるバニョッツィ枢機卿の周辺には、これに関する史料は残されていないのか、等々。『ラ・チビルタ・カットリカ』誌を読む限りにおいて、さらに事態解明の余地を多く残しているように感じる。

二〇二〇年三月、教皇フランシスコによって、これまで秘密のベールに覆われていた教皇ピオ十二世治下におけるバチカン文書の公開が宣言された。バチカンの公文書は、七十五年間は公開しないという暗黙のルールがあるが、今回の公開の宣言は、時宜を得ての判断だと思われる。今後、バチカンからあの日米和平交渉について、何らかの痕跡が出てくるのであろうか。新しく公開される公文書の研究は、まだ始まったばかりである。

『ラ・チビルタ・カットリカ』誌によるバチカンと日本との交流が、良質な記事の共有によって、以前にも増して盛んとなるようにと、心から願っている。

40　明治初期の奄美・沖縄宣教の歴史から学ぶ

この稿では、明治の開国期における宣教師たちの活動を知る上において、興味深い書籍を紹介したい。

A・ハルブ神父著、岡村和美訳で昨年刊行された『奄美・沖縄カトリック宣教史―パリ外国宣教会の足跡―』（南方新社、二〇二〇年）（＝写真）である。この書によって、今日のキリスト者が忘れかけている日本宣教史の真実に目を開かれるように思えるからである。

著者のハルブ神父（Augustin Pierre Adolph Halbout）は、一八六四年、

フランス生まれのパリ外国宣教会会員で、二十四歳で司祭叙階された直後に来日。一八九三年から一九二〇年まで、奄美で宣教に従事した宣教師である。

彼の残した記録は、日本開国期のキリスト教復活と共に、明治以降のわが国に大きな足跡を残したパリ外国宣教会神父らの奮闘の証言記録である。日本キリスト教史において最も語られることの少ない分野を明らかにしたものであり、極めて貴重な報告となっている。

日本キリスト教の「復活」の時代は、一八四四年、パリ外国宣教会司祭フォルカード神父（後に司教）の那覇上陸をもって幕を開けた。同五八年の日仏条約締結を境に、長崎、横浜、函館などに設けられた外国人居留地内でのフランス人宣教師の活動が次第に許され、一八五九年には同会のジラール神父が横浜に、同六〇年にはプティジャン神父も琉球を経由して長崎入りしている。

しかし、そうした諸活動に先立つ奄美・沖縄での活動はあまり知られていない。フォルカード神父からプティジャン神父に至るおよそ十八年間の最初期のパリ外国宣教会の活動、およびそれを継承した次世代の宣教師たちの姿を通して、福音宣教のモデルケースといったものが浮かび上がる。

この『奄美・沖縄カトリック宣教史』という本を通して、最初期におけるパリ外国宣教会会員たちの「宣教魂」というものに圧倒される思いがする。

来日当初、このフランス人宣教師らは「異邦人」として日本政府の役人以外、誰からも相手にされず、ほぼ囚人同様の扱いを数年間耐え忍んだ後、やっとのことで現地の人びとの関心を惹くようになるのである。その道のりがいかに険しかったことか。また異国の宣教師たちの訪問を、既存の日本人宗教家たちが拱手傍観《こうしゅぼうかん》していたわけではない。そうした妨害者らによって苦境に追いやられること、一度や二度ではなかったようである。

そうした苦労の後、ハルブ神父が奄美大島に来島した一八九三年頃には宣教も軌道に乗り、「民衆はカトリック教を選ぶよう勧められる」ほどの状況が現れる。その年だけで三百八十七人の島民が受洗したという事実は、教会にとっては積年の苦労を一気に払拭するような喜びであったに違いない。

フランス人宣教師らは着の身着のままの極貧状態で、あばら家で雨露をしのぎ、そこから何とかして地元民に受け入れられようと、粉骨砕身の努力を続けた。江戸初期の禁教下のような命の危険こそ感じなかったものの、「殉教」の栄冠につながる希望もなく、また初代教会の宣教物語で語られるような「奇跡」が起こるわけでもない。そうした日常の現実を、人びとからの「無視」と「誤解」、そして「中傷」にひたすら耐え続けた記録がそこにはある。

遠く故国を後にし、宣教地で骨を埋める覚悟で来日したフランス人宣教師たちにとって、「無視」や「誹謗《ひぼう》」は死よりもつらい状況であったに違いない。結局、宣教師たちの「善良」さが地元民に理解されたのは、彼らのイエス・キリストの福音への信頼を土台とした言行一致の、「厳しくも清い」振る舞いが目撃されたからに他ならない。

パリ外国宣教会の司祭たちは、日本の他の地域でもこれと同じ宣教方法を貫いている。機動力をもって村々を歩き回り、拠点となる民家が見つかると、そこに祭壇を設け、定期的に訪問して祭儀を行った。その場の運営は、日本人のカテキスタ（伝道士）に任せる「ホーム・チャーチ」方式と呼ばれる日本人カテキスタの活躍の場を創出していった。このカテキスタの活動なくしては、地元民へのキリスト教の定着はなかったと言っても過言ではない。

ハルブ神父の記述から、奄美大島でも一八九〇年代の半ばに司祭とカテキスタの共同作業が順調に進み、受洗者を着実に増やしていったことが分かる。地元民の中から教養に秀でた人物をカテキスタに抜擢《ばってき》し、島民とキリスト教との橋渡しを円滑に行っていく。民家祭壇を中心にして「教理」を教え、結婚式や洗礼式なども信徒が準備するという、明治初期以来のパリ外国宣教会の宣教方法は、奄美大島でも功を奏していた事実が確認できる。

こうした宣教方法は、千葉県や愛知県などでも大きな成果を上げ、カテキスタが準備した後で司祭が洗礼を授けるという方法で、パリ外国宣教会司祭一人につき、年間平均（全国統計）およそ三十ないし四十人が受洗したと言われている。カテキスタや民家祭壇などを通した、信徒による「能動的」な教会運営というものが、いかに有効であったかが紛れもない事実として記録されている。

奄美・沖縄での初期日本宣教の記録によって、私たちは当時の関係者の労苦と熱意、工夫から多くのことを学べる気がしている。美しい日本語に翻訳された本書をひもとくことは、今日私たちが直面している宣教のさまざまな課題に思い当たらせ、さらにこれから歩むべき道をも示してくれるように思えるのである。

41　アフター・コロナを見据えて

昨年の今頃（二〇二〇年二月末）、「パンデミック（世界的大流行）」について考察し、恐怖心や不安をあおるものを信じてはならないことを、歴史上の事例から振り返っていたことを思い出す。

一年前のあのパニックは、この感染症（新型コロナウイルス感染症）がまったく未知のものであったという不安心理によるものだった。当初、イタリアやアメリカで日ごとに数千人の罹患者が数えられ、死者も続出していた頃、私たちは絶望的になりかけていた。しかし、感染者数だけをとってみれば、ことしの年始（第三波）の方が規模的にはるかに大きかったにも関わらず、それほど絶望を感じずにいられたのは、新型感染症について多くの事実が知られ、適切な対処を怠らなければ必要以上に恐れる必要のないことが分かっていたからである。奇跡的なピッチで開発されたワクチンの登場によって、状況はさらに好転しそうである。

最近よく耳にするものに、「アフター・コロナ」すなわち、「社会が元に戻ったら…」という言葉がある。しかし、「戻るべき元」が果たして理想的な状態だったかどうかは、立ち止まってじっくり考えるべきかもしれない。

もちろん、経済が好転し、ロックダウン（都市封鎖）もなく、国境を越えて人びとが自由に行き交う日が戻るのは、私たち皆の悲願である。しかし、単純に「元に戻る」ことだけが、目標とされてよいのだろうか。というのも、劇的な変化を体験したこの一年を通じて、私たちは、忍耐のうちに今までの生活を反省し、学ぶべきことが少なからずあったように思えるからだ。

歴史を見ると、自然災害や疫病など、社会の根底を揺るがすような大きな困難に出くわしたとき、必ずと言っていいほど「預言者」が姿を現している。それは未来を予知する「予言者」ではなく、「神の言葉を預かる者」という意味の「預言者」である。彼らは世の一大事に際し、人びとにその出来事の「神意」を見極めるよう説く役割を担った人たちであった。

ただし今回のパンデミックでは、まだ目立った形で「預言者」は姿を現していないようにも見える。この一年の急激な変化に適応することだけに忙しく、恐怖と不安を凌《しの》ぐことばかりに気をとられて、「預言者」の存在を見過ごしていただけなのかもしれない。しかし、パンデミックの波が通り過ぎようとしている今こそ、私たちは「預言者」の声に耳をそばだてる注意が必要だと思うのである。

歴史上、登場した預言者の多くはその声の大きさから社会的な混乱を引き起こす例が数多くあった。

例えば、十五世紀の末、ぜいたくと奔放に明け暮れ、貪欲と傲慢がまん延するフィレンツェの町で、ドミニコ会のサンマルコ修道院長ジローラモ・サボナローラは、「神が剣《つるぎ》をお前たちに対して抜く日が来る。神に向かって回心せよ」と絶叫し、人びとを扇動的に導いた。しかし、サボナローラは宗教改革に先立つ時代の教会と世俗社会の癒着の中、キリスト教世界の末期的状況に対して、「天啓」すなわち「神のお告げ」を見いだすように説いた紛《まぎ》れもない真の預言者であった。

新大陸から不治の病としてもたらされた梅毒が猛威を振るい、かの悪名高きローマ教皇アレクサンドロ六世が「神の代理人」として教会の頂点に君臨していた時代、世の中には「主の来臨」と「罪びとの裁き」がすぐにも実現する怖れが満ち、その不安がサボナローラに多くの人を付き従わせた理由だったとも言われている。

しかし、「神の声」が常に大音量で響くものとは限らない。旧約聖書の「列王記」において神は、「静かにささやく声」でエリヤに接しておられる（列王記上19・12）。今回のパンデミック下、苛烈な叫びを上げる「預言者」を感じることができないとすれば、「神の声」は「静かな」語り方によってもたらされているのではないかと考えたくなる。

それでは、コロナ禍の中に響いた「静かなる神の声」とは何だろう。四旬節の冒頭に朗読されるイザヤ書（58・1―9）が語る真の「断食」（悔い改め）のくだりが、大きなヒントとなるように私は思っている。

「お前たちが今しているような断食（悔い改めの行為）によっては、お前たちの声を天の高みに届かせることはできない。むしろ、『虐げられた人を解放し、……飢える人にお前のパンを分かち与え、家のない貧しい人々に宿を与え、裸を見れば、着物を着せ、お前の同胞に対して見て見ぬふりをしないこと』。これこそ本当の『断食』であり『悔い改め』である」とされている。

これはマタイ福音書25章の「羊」に喩《たと》えられてイエスに愛され、天国に招き入れられる善人の行いと同じである。「最も小さな者」を気遣うことこそ、本当の意味での「悔い改め」の心なのだとイエスは言うのである。

十四世紀の黒死病（ペスト）で疲弊したイタリアでは、この聖句から「慈悲の業《わざ》」という理想が前面に掲げられた。「病者の看護と埋葬」を目標に集う「兄弟団」（ミゼリコルディア）はこの聖句に触発され、「最も小さな者たち」にキリストの姿を見いだした。それは、黒死病という未曽有の災厄を体験した後で、それまで善《よ》しとされた経済的な豊かさや利便性の追求を、根底から問い直した人びとの「悔い改め」の具体的な形であった。

「このままでよいのか」。一年前には思いもしなかった発想を、コロナ禍にあって神の「静かにささやく声」として受け取ったと考えてみたくなる。

ひたすら利益を追求し、「勝ち組」と「負け組」の飽くことなき競争を繰り返し、人間中心で自然を含む全てを支配し、思い通りにしていくような世界の在り方に、「それは果たして本当の善なのか」という問い掛けが、このパンデミックの中で起こったとすれば、それは「預言者」の発する「神の声」だったと思わずにはいられない。

悔い改めて、これまでの歩みの良し悪しを冷静になって考える。ここに、「アフター・コロナ」における課題が示されている。

42　新たな倫理的課題
——この問題に教皇はどう向き合うか

昨今、フランシスコ教皇の周辺の話題が何かと一般ニュースの中で目につく。中でも世間の注目を集めているように見えるのは、「教皇庁は同性婚を祝福できないと表明」と報じたニュースだった（カトリック新聞二〇二一年三月二十八日付既報）。

カトリック教会は、歴史上、時代の生みだす新たな倫理課題に常に直面し、解決を図ってきた。今、「同性婚」という、人類史上かつて想定すらされなかった問題が突如として浮上したことに、フランシスコ教皇は果敢に、かつ誠実に向き合い、答えを示そうとされている。

教会が伝統的に主張してきた「原則」と、人びとの中から生じてきた現実の叫びと、どう折り合いを付けていくか。フランシスコ教皇の問題解決の手腕が問われている。

新たに解決すべき倫理課題が生じるたびに、教会は「原則」と「適用」という二つの原理から、解決の糸口を見いだしてきた。中でも、宗教改革運動を経験した近代カトリック教会が改革の柱として掲げた「司牧的配慮」という観点は、極めて重要である。何が何でも「原則」を優先させるという態度ではなく、「具体的な事例の一つ一つに目を向け、人びとの心情に寄り添う形で解決を模索することを第一義とすべき」という立場から、こうした態度が生まれた。

「司牧的配慮」は、「ゆるしの秘跡」の場（告解）において大いに発揮されている。「告解」で告げられる内容について、法や倫理規定によって絶対的な判断を下せることはむしろ少なく、多くの場合、人それぞれが置かれたケースによって、行われた行為の判断が下されることの方が多い。あるときには確実に「否」と断言できても、場合によっては「是」となるケースがあり得ることは、現実の法解釈にもあることである。

同様に、教会の取り組む倫理的な課題について、司祭が懇切丁寧にケースを見て判断することに、「司牧的配慮」の余地は発揮されると言える。

トリエント公会議（一五四三―六三年）後、「ゆるしの秘跡」が重視され、状況への配慮がより強調されるような雰囲気となった時、実際の公会議に多数の会員を送り込んだイエズス会は、個々のケースを考慮する「良心例学」（casuistry）という分野を発展させた。その背景には、アジアなどの宣教地で直面する、ヨーロッパの原則では対処しきれない「現実問題」に突き当たった体験が頻繁にあった。

宣教師たちは、これまでの世界（ヨーロッパ・カトリック世界）では到底想定すらされなかった問題を、異教の世界で突きつけられ、そのつど、必ず厳守しなければならない「原則」と、可能な限りの「適用」の案出に苦慮していた。「原則はこうだが、例外もあり得る」としなければ、根本解決は難しい事例がとても多かったからである。

一五九〇年代、日本の宣教地で活動していた宣教師たちも、多くの事例で「原則」を押し通すことへの限界を感じていた。彼らは苦慮の末に、例外規定を幾つも作り出した。例えば、異宗婚（宗教の異なる者同士の婚姻）など考えもしなかったヨーロッパ人は、日本でキリシタンと異教徒の婚姻の成立を真剣に議論しなければならなかった。

また、人身売買を絶対の悪と認識していたとしても、戦争で捕虜になって連れ去られそうになったキリシタンを保護するため、金銭で買い戻すことだけが唯一残された解決である場合に、「例外規定」が考慮されるべきとも考えた。

領主に命じられた異教の礼拝にキリシタンの家臣が参列することは、生命の危険を感じる場合のみ、偶像崇拝の罪を犯すことにはならないし、春先の領主主催の宴席（花見の宴）への参加は、四旬節の節制の義務を妨げるものではないなど、キリシタンたちの現実の問題が例外規定によって乗り越えられていた。

「同性婚」については今回初めて、婚姻の秘跡の原則から「祝福できない」との結論が導き出されたようである。ただし、原則からは受け入れられないとしても、何らかの「適用」の余地を残しているという議論は今後起こっても不思議ではない。フランシスコ教皇は「同性への愛」について、従来の教会とは異なる理解を示している（これには教会内に賛否両論があるのも事実）。

この二つの態度は矛盾していると批判の声を上げる人びとに、これから教会は真摯に向き合うことになる。具体的な「例外」が存在するならば、それは何なのか。現状では誰もその答えを持っていない。

今、「司牧的配慮」ならぬ「教皇の配慮」が働き、現代人の現実が直視され、差別やないがしろにされる人があってはならないという教皇の固い決意というものが感じられる。少数の人の要求と悩みに真摯に寄り添う教皇の姿は明らかである。フランシスコ教皇のリーダーシップに期待がかかるところである。

教会は、今後も文明社会が発展を続ける限り、それまで思いもよらなかった数多くの倫理的課題を抱え続けることだろう。その際、「原則」のみを貫くという態度からは、常に良い結果が生じるとは限らない。むしろ、個々の現実を熟慮し、「例外」の適用も十分考えに入れながら、「現場に寄り添う」という態度を忘れないことが大切である。

43　闇にこそ歌声を

「イースターの礼拝・大声で歌いクラスター、感染者三十六人」。二〇二一年四月半ばの、地方新聞記事の一部である。「宗教行事かもしれないが……不用心、無防備、……しばらくは施設中止にできないか」と、当地の知事がコメントしたと記事は続く。「礼拝で密となって」ならまだしも、「大声で」とあえて書く必要があったのだろうか。

礼拝に集まった人びとは「気が緩《ゆる》んでいた」わけでも、羽目を外して騒ぎたかったわけでもなく、ただ賛美の心を「声」に出して表しただけのこと。こうした今だからこそ「共に歌いたかったから」、ただそれだけのことだろうと流せば必ず批判がくることだろう。そのような素朴な思いも今は、緊急事態を招く憂慮の対象になってしまうのである。

人はどういうときに「声を上げて歌う」のか。言葉を発するだけで表現できる意味を、わざわざ旋律に乗せて歌声にすることの意義について、少し考えてみたい。

二〇一四年、キリシタン大名を主人公とした『軍師官兵衛』がNHKの大河ドラマとなり、キリスト教の考証担当として協力することになった。そんなある日のこと、制作スタッフからキリシタンの場面をつなぐ「讃美歌」で何か良いものはないかと相談を受けた。カトリックでは「聖歌」と言っているが、台本にははっきりと「讃美歌」の文字が随所に書き込まれており、脚本家が「歌」に大きな期待を寄せていたことが分かった。ただ、曲の指定はなく、時代考証をして本当に当時のキリシタン民衆が歌ったであろう「讃美歌」が必要、とのことだった。

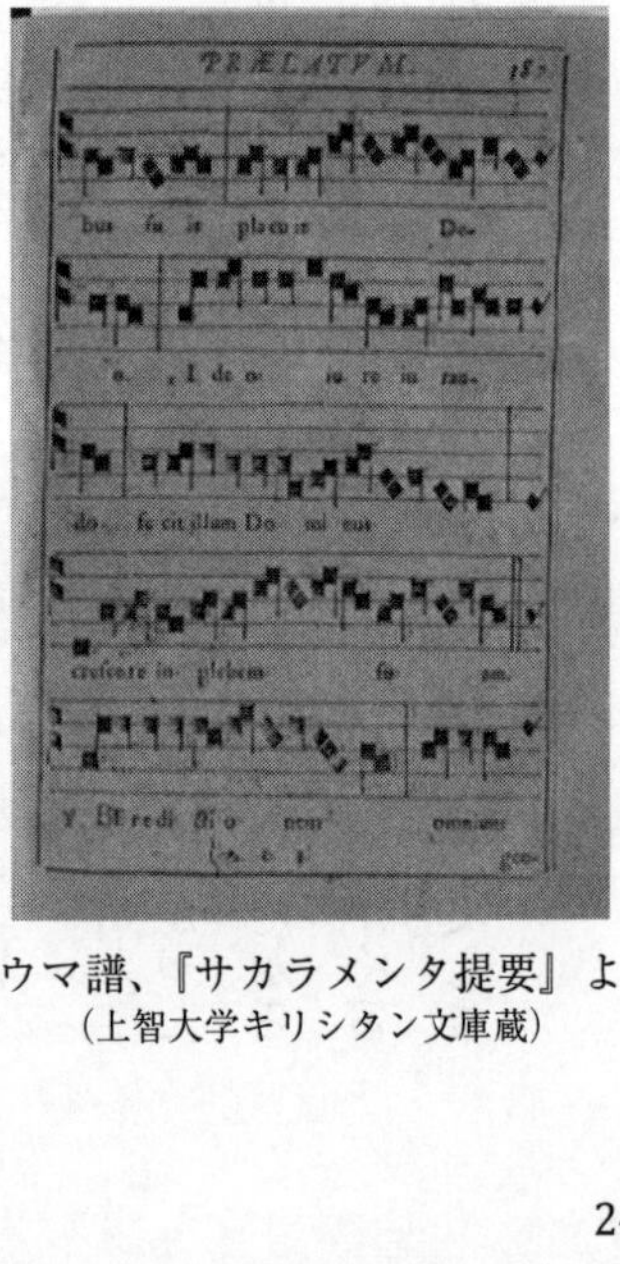

ネウマ譜、『サカラメンタ提要』より
（上智大学キリシタン文庫蔵）

すぐさま、一六〇五年に長崎で出版された典礼書『サカラメンタ提要』に思い至った。

当時の司教セルケイラが命じて作成させた、キリシタンの典礼（ミサ・洗礼・葬儀・埋葬）で司祭が使用するための儀式書である。現在、世界にわずか五冊原本が残るだけの、極めて貴重な本である。その中には十九曲の聖歌が、ネウマ譜（グレゴリオ聖歌の楽譜）で掲載されている。

実際、キリシタンたちはその調べを耳にし、口ずさんでもいたはずだ。これを音楽研究の泰斗《たいと》である皆川達夫氏（一九二七―二〇二〇年）が長年研究され、『洋楽渡来考』という優れた研究本を世に紹介された。さらに「聖グレゴリオの家 宗教音楽研究所」（東京・東久留米市）の協力の下《もと》、ＣＤ復元もされていて、貴重な資料となっている。時代考証的にはこの中から選曲することで、当時のキリシタン民衆の「声」を復元できると確信した。

『軍師官兵衛』のキリシタン・シーンでは、荒木村重の妻「だし」のキリシタン信仰（史実は仏教徒らしいが）を表す場面がドラマの前半を彩《いろど》った。村重の謀反の年（一五七八年）、約一年にわたって摂津・有岡城の地下牢に幽閉された官兵衛の絶望的な空間と、その上階の礼拝所で「讃美歌」を歌う「だし」たちのコントラスト（対比）

がとても印象的に仕上がっていた。

地下牢にまで届く讃美歌の旋律に、一時《いっとき》の安らぎを得て、生きる希望を見いだす官兵衛。

しかし、「だし」にはその直後に織田信長の命により京都・六条河原で処刑される運命が待っていた。それから八年後、完成したばかりの大坂・南蛮寺を訪れた官兵衛は、聞き覚えのある旋律に亡き「だし」の心をよみがえらせる。「だし」の歌うあの「讃美歌」が、度重なる戦《いくさ》の連続で心身共に疲れ果てた官兵衛の心に響き、彼はキリシタンとなる決意をする、という流れである。ドラマの伏線にある、短いながらも大切なストーリーにふさわしい曲を選ぶ作業には自然と力が入った。

思案の揚げ句、『サカラメンタ提要』の中の「イン・パラディズム」(In Paradism)の内容と旋律をおいて、このドラマの流れを表現するものはないと判断し提案したところ、制作スタッフに受け入れられ、実際の撮影に使用されることになった。

天使たちがあなたを楽園に導きいれられんことを。

あなたが到着すると、殉教者たちがあなたを迎え入れて、聖なる都エルサレムに伴われんことを。

グレゴリオ聖歌の「死者のためのミサ」（Requiem）の中の一曲である。地下牢の闇の中で、もがき苦しむ官兵衛と、これから死に向かう「だし」。彼らを天使と殉教者たちが天の都エルサレムで迎え入れる。「讃美歌」の「声」の持つ力というものが、闇夜に力強く響き渡った。

『軍師官兵衛』では、別のシーンでも「讃美歌」が大きな役割を果たしている。キリシタン大名・高山右近の領内を旅する官兵衛が、夕暮れの街道でキリシタンの葬送行列に出くわすシーンである。

書かれた初期の台本では、どこからともなく「キリシタンだ」と人びとが叫び、その後、行列が通り過ぎるとなっていたが、「讃美歌」の力に気付いていた制作スタッフから、また選曲を依頼された。

この時の答えは簡単である。キリシタンの葬送には必ず、『サカラメンタ提要』の中の「ミゼレーレー・メイ・デウス」（Miserere mei Deus ＝神よ、私をあわれみ給え）が歌われると決まっているからである。

幸い、楽譜も音源もある。（先述の皆川先生の著書）美しい調べを持ちながら、やはり死者への尊敬と追慕を含む「ミゼレーレ」は、暗闇の中から浮かび上がる死者の葬送を高貴なものに仕上げるに十分な威力を持っていた。

言葉でも思いを伝えることはできる。しかし、それでも旋律に乗せて声を上げる。このことの意義と素晴らしさが、「讃美歌」にはある。人間のやむにやまれぬ欲求が声となるのを、誰も止めることはできない。しかも苦しみが増し加わるほどに、その歌声はより清澄に響き渡るのである。

一刻も早く、「大声」を上げて賛美の歌を歌える日が戻るよう、切に祈り求めたい。

44　祈りの記憶は調べと共に

あお葉わか葉に　風かおりて
せせらぎに聞く　奇《く》しき調べ
木かげに立てる　とわのみ母
みもとに行《ゆ》き　我ら憩わん

カトリック聖歌集352番『あおばわかばに』より

聖母月の五月。新緑の風爽やかなこの季節に歌い継がれたメロディーが、すぐさま脳裏によみがえり、若き日の祈りの時が懐かしく思い出されてくる。

前回、聖歌によって人はどれほど力づけられるかについて触れたが、今回はその続編である。

昨年の暮れ、キリシタン関係の学会にオンラインで参加していたとき、発表者が語る明治以後の「カトリック聖歌」について目からうろこの大きな刺激を受けた。

発表者は、広島のエリザベト音楽大学名誉教授でドイツ人のイエズス会員、エヴァルト・ヘンゼラー神父である。これまで『明治期カトリック聖歌集』（二〇〇八年）と題した研究書や、『心に響くカトリックの聖歌 明治期から昭和初期まで』（二〇一一年）というCDによって、明治以後のカトリック教会の聖歌について、新しい発見を含む研究を世に発表され、日本の聖歌の美しさを伝えようと努力されてきた研究者である。

ヘンゼラー神父の解説にいわく、カトリック教会は明治期、キリスト教諸派の中で最も多く信者を獲得したが、音楽（聖歌）の普及については他の教派に比べて乏しいように見られていた。

しかし、音楽に対して消極的であったとは言い難い。教会における最古の音楽演奏は一八六三年、カトリックの横浜天主堂のフランス軍楽隊によるものだった。さらに一八六五年、ベルナール・プティジャン神父（パリ外国宣教会）がハルモニウム（リードオルガン）をわざわざフランスから取り寄せた年は、あの「信徒発見の年」でもあった。

開国後、日本人が日本語で聖歌を歌った最初の記録は一八七二年二月、やはり横浜での出来事である。それはプロテスタント教会の第一回宣教師会議で、日本語の讃美歌が歌われるよりも七カ月も前のことだったそうだ。

明治のカトリック教会は、パリ外国宣教会のフランス人宣教師や諸修道会のシスターたちによって創始され、運営された。とくに親のいない子供の世話や救貧活動に奔走したフランス人や邦人の協力者の姿が浮かび上がってくる。その際、宣教に当たって音楽の果たした役割は、決して小さくはなかったようである。

当初は、フランス語の美しい旋律に日本語の歌詞を付けることに意を注ぎ、フランス語と同じ音節になるよう、訳語が工夫されていたという。フランス語の歌の雰囲気を保ちつつ、その内容もよく理解されるよう工夫された。

つまり、明治期のカトリック教会は「日本語」で聖歌を編み出し、歌っていたという事実に気付かされた。

『心に響くカトリックの聖歌』には『久方の天』という名曲が収録されているが、これはフランス語の旋律に日本語の歌詞を付け、一八八九年に『日本の聖詠』という聖歌集に収められていたものである。ヨーロッパ直輸入の聖歌をそのまま模倣することでよしとする姿勢が微塵もなかったというところに瞠目《どうもく》させられる。

長崎県外海《そとめ》の出津《しっつ》の里には、「ド・ロ壁」や「ド・ロさまそうめん」ばかりでなく、数曲の日本語聖歌（ド・ロさまの歌）が残されている。[31]マルク・マリー・ド・ロ神父（パリ外国宣教会）によって作られた、童謡にも似た数え歌風の歌が子供たちによって歌われていた。ド・ロ神父作の楽しげな節回しが、出津《しっつ》の谷あいを穏やかな風に乗って流れていたことを想像してみたくなる。

　フランスの原曲に基づき、日本語の歌詞を付けて歌われた美しい旋律が、ハルモニウム・オルガンの伴奏に乗せて、多くの人びとを教会の中にある「平和」と「安心」へと誘《いざな》ったことを思う。

　長崎や神戸、そして横浜でも親のいない子供がカトリック教会をにぎわせていたが、貧しくて赤子を養育できない生みの親たちは、この美しい旋律の漏れ聞こえる教会を子供たちの預け場所としてすすんで選んだのかもしれない。学校で歌われる殉教者たちの歌に力づけられた若者も多かったように思う。音楽が醸《かも》し出す心への影響というものは、計り知れないものがあると感じる。

　美しい旋律は、まぎれもなく祈りの心を伝えてくれる。だからこそ、明治の日本で、日本語もままならない外国人宣教師や修道女たちは音楽にことのほか、期待を寄せていたのかもしれない。

明治以後の教会で、そうした努力と工夫を重ねた数多くの心に響く旋律が歌われていたのに、今ではそれが受け継《つ》がれていないのはどういうことなのだろう。人びとから愛され、繰り返し歌われたものだけが生き残って、古いものは次第に消え去ったという自然淘汰的な話だけではなかったことに、私たちは気付くべきである。

一九六五年に閉会した第二バチカン公会議の後、教会の一部の人たちの間では、古いカトリックの体質への拒絶感が強く前面に打ち出されたように思う。教会の位階制度（ヒエラルキア）の過度の強調や、ヨーロッパ中心で自己完結的な教会の姿など、確かに反省されるべきことは数多くあったとは思う。しかし「古いもの」が全て捨て去られていいということにはならない。明治以来、日本の土壌の中で美しく変容を遂げて人びとの間に溶け込んでいた「調べ」の数々を、古いカトリックの体質を染み込ませたものとして同時に捨て去ろうとする姿勢には賛同できない。

「古くても残すべきもの」とは、多少古いヨーロッパの香りを残しこそすれ、日本の土壌と日本人の心情に「順応」したキリスト教の形、言い換えるなら変容の結果であり、「日本的教会の姿」だったと言えるのである。

『カトリック聖歌集』（一九六五年改訂）には、後世に残したい優れた名曲が数多く収録されている。一時の、「古い体質」への拒絶という「嵐」が過ぎ去り、落ち着きを取り戻した今、あらためて私たちの心に残るメロディーを見直し、歌い継ぐという作業を始めることは、極めて大切なことのように思っている。

【注】

31 パリ外国宣教会司祭（一八四〇—一九一四）。一八六七年、プティジャン司教の求めに応じて長崎に上陸。外海《そとめ》地方を中心に、医学・薬学の知識に基づく病人の救護、夫を亡くした女性や幼い子供などの貧窮家庭の保護に私財を投じて献身した。その他、縫製、建築、製粉、染色、麺類の製造法、青年の職業訓練所の立ち上げ、授産所（救護院）の開設など、多方面にわたって優れた業績を残した。こうした事業の継続のため、「女部屋（現・お告げのマリア修道会）」を創立。また、読み書きや算術、音楽の教授、農業指導など、地元民の自立のために働き、「外海《そとめ》の太陽」と慕われた。

45　来日した「改宗者」、アルメイダのこと

コロナ禍の中、医療従事者の献身的な奮闘を見聞きするにつけ、わが国で最初の西洋式病院の設立に関わったルイス・デ・アルメイダのことをより詳しく調べてみたくなった。

ルイス・デ・アルメイダは知る人ぞ知るポルトガル生まれのイエズス会宣教師で、およそ三十年にわたって日本最初期のキリシタン宣教に尽力した人である。リスボンで医学を修めた後に商人となり、インドのゴアで数年を過ごした後、フランシスコ・ザビエルの友人であったドゥアルテ・ダ・ガマの隊商に加わり、一五五二年に来日を果たした。

豊後府内（現在の大分市）で、ザビエルと共に来日したコスメ・デ・トルレス神父（イエズス会）と出会い、一五五六年にはバルタザル・ガーゴ神父（同会）の指導により『霊操』を体験し、翌年、豊後府内でイエズス会に入会したという変わり種である。

府内にあふれる親のいない子供たちに慈しみを注ぎ、さらに中絶や〝間引き〟などに心を痛めていたアルメイダは、ガーゴ神父と協力してまず薬局を作り、それを豊後府内病院へと発展させるため、これまで商《あきな》い行為によって得た財産を全てイエズス会に託したのである。

アルメイダは同僚の会員から「宣教繁栄地を見抜く天才」として評価されている。事実、彼の行く先々（横瀬浦・島原・口之津・都等）には、必ず良質のキリシタン共同体が育っている。生涯休みなく働き続けたことから、「永久機関」（Perpetuum-mobile）という綽名《あだな》が付けられていた。晩年、司祭叙階を受けるが、生涯のほとんどをイエズス会の修道士（イルマン）として生きた。

アルメイダは「コンベルソ」であったということが分かっている。「コンベルソ」とは、ユダヤ人から改宗したキリスト教徒という意味で、「新キリスト教徒」という言い方もある。

イベリア半島では反ユダヤ的な動きが十四世紀の末頃から生じたため、改宗したユダヤ人がこの地に数多く存在していた。一四九二年に国家として成立したスペインは、全てのユダヤ人の追放を命じ、ポルトガルでも同様の法が一四九七年から発令され、「コンベルソ」(改宗者) だけが、理論上残留することになったのである。「コンベルソ」がキリスト教に完全に同化するには、百五十年近くを要したとされている。その理由は、「彼らは本当にキリスト教徒となったのか」と疑われ続けたからである。十六世紀、スペインやポルトガルで急増した「異端審問所」の実務は、「異端」の摘発というよりはむしろ、「改宗者」の信仰の真偽を確かめることにあった。「豚肉」を口にしないというユダヤ教の戒律から、異端審問所の係官は、「コンベルソ」の家庭で消費される豚肉の量を常に監視し、その消費があまりにも少ない家庭は取り調べの対象としたほどであった。

さらに、日本のキリシタンにも共通する心情として、「改宗」したとき、それまでの「信仰」を棄てたという「しるし」をより大げさに強調する必要があった。キリシタンになったら、これまで拝んでいた仏像や仏典などを焼き払うという行為が繰り返された。「キリスト教徒」以上に「キリスト教徒」であるという「しるし」を、実際の言動によって積極的に示さなければならなかったということである。スペイン同様、ポルトガルの「コンベルソ」にとっても、同様の緊張状態が長く続いたことは想像に難くない。

アルメイダは生涯で八通の手紙を、イエズス会のインド管区長や仲間たちに送っている。中でも一五六二年十月二十五日の内容は、「コンベルソ」の心情をうかがい知る上での好材料を提供しているように思える。

豊後を去って鹿児島に派遣されたアルメイダは、そこでザビエルにも会ったことがある薩摩・福昌寺の高僧・忍室（禅宗）の弟子で、南林寺の長老の訪問を受ける。

その僧はアルメイダに、「すぐにもキリシタンとなる洗礼を受けたい」と申し出る。通常ならば、宣教師は大喜びでその申し出を受け入れるところだが、アルメイダの返事は違っていた。

「貴僧は（もしもキリシタンになりたいのなら）、悪魔が日本に持ち込んだ諸宗教は邪悪、虚偽、欺瞞《ぎまん》の教えであることを認めねばならず、（中略）それを胸中にしっかりしまっておくだけでなく、言行にも表《あらわ》さなければならない。そして禅宗の宗徒として身に帯びている徴《しるし》を放棄せねばならない」と。

そのあまりにも厳しい言葉に、南林寺の僧は寂しくその場を立ち去ったという。アルメイダのこの言葉は、「コンベルソ」のメンタリティー（物の考え方）の現れではないかと感じる。こうした物の考え方や捉え方には、彼自身が半生のうちに体験した

「冷たい目」というものが映し出されているのではないかと。

ところがよく調べてみると、このアルメイダの手紙の言葉は、実は有名なルイス・フロイス（イエズス会）が自著『日本史』の中に、「アルメイダ書簡の抜粋」として挿入して流布したもので、実際、同日のアルメイダ書簡の手書きの原文（ポルトガル語）にはこの部分は存在していないことが判明した。すなわち、この厳しい言葉はアルメイダではなく、実はフロイスの言葉なのである。

私は、「コンベルソ」として散々苦労したであろうアルメイダが、同じように他宗教の人を裁く彼の言葉に悲しみを禁じ得なかったのだが、それがアルメイダの言葉でないことに深く安堵した。

なぜフロイスがこうした言葉をアルメイダの言葉として自著に挿入したのか、その理由は定かではない。フロイスがあえてアルメイダの言葉のように言わせた何らかの理由があるのだろうか。

過去にキリスト教が持っていた、他宗教に対する態度の厳しさの一端というものをうかがい知る思いがする。諸宗教との対話、自身の信仰を表明しようとするときの態度など、「コンベルソ」アルメイダは、現代の私たちに多くのことを教えてくれている気がしている。

46　今、オスカル・ロメロ大司教を思う

二〇二一年、まだコロナ禍の中、近代教会史の対面授業を続けている。近代教会史の課題は多岐にわたっていて、まとまりにくく、難しい分野である。

啓蒙主義、自由主義、近代主義、共産主義と、カトリック教会に反発・敵対する多くの勢力が世に登場し、教派分派から、やがては世俗化の波が押し寄せ、信仰自体の否定へと向かった世界の中で、無神論、反キリスト教・反教会的傾向が強まり、教会のあり方についての議論も少なからず提起されたこの評価の難しい時代にあって、象徴的とも言えるある人物の行動に、熱い議論が繰り広げられた。

それは中米・サンサルバドル教区（エルサルバドル）の大司教で一九八〇年、ミサをささげている最中に銃で狙撃され、暗殺されたオスカル・ロメロ大司教のことである。この人の生きた時代が歴史的にどのような意義を持つ時代だったのか、まだ冷静な分析はなされていない。第二バチカン公会議から半世紀が過ぎ、さらには一九七〇

年代から八〇年代にかけて教会に吹き荒れた「革新」の嵐が一段落した今、ロメロ大司教の生涯を通して、この難しい時代の一面を振り返ってみたいと思う。

一九一七年生まれのオスカル・アルヌルフォ・ロメロ神父は、六〇年代後半までは故郷エルサルバドルのサン・ミゲル教区で活動していた温和で実直な司祭であった。ロメロの公的な生活が始まったのは、公会議後のことである。

当時、中南米のカトリック教会は第二バチカン公会議の決議よりも、キューバ革命によってもたらされた社会変化に翻弄されることに強い危機感を抱いていた。革命思想が他の中南米諸国に輸出されようとしたと同時に、保守的な陣営は「米州システム」の傘の下、アメリカ合衆国との連携を強化していく。当時の中南米は「冷戦」ではなく、まさに実際の戦争へと向かう移行期にあったのである。

民衆を解放するのは「教会」か、「共産主義」か。イエス・キリストの福音と、マルキシズムのイデオロギーは、「抑圧された」人びとの解放を目標とする点では酷似している。「解放」はイエスの福音でもあり、社会思想家の主張とも一致するところである。しかし、「抑圧する」悪政を行う者に対する態度として何が許されることなのか、まだはっきりとした答えは見いだされていなかった。

「神のみ旨に信頼し委ねる、信仰を徹底する態度」か、「実際に解放運動を推し進めるに当たって、この世の手段（政治・武器）を取る」のか。実際の悪を取り除くための手段は、実力行動しかないのではないかという、極端な考え方が次第にボルテージを上げていった。

カトリック教会にとって「共産主義」がもたらした最も大きな損害は、その無神論や反教会的態度というよりは、むしろ、似たような理想を標榜《ひょうぼう》しながら、全く異なる手段を用いることを奨励することで、教会内に分裂を引き起こしたことであろう。教会が「正義」の名によって分裂させられた。教会員同士が信じられなくなったことが、最大の悲劇と言える。

弱者の側に立って活動しようとする司祭たちは、社会革命を推進しようとする「マルキスト」のレッテルを貼られ、体制側にいて伝統を重んじようとする教会人は、腐敗した抑圧者の仲間と断じられたのが、中南米の当時の現実であった。

しかし、オスカル・ロメロ大司教が重視したのは、「抑圧されている人」へのまなざしであったと言える。一九七七年、サンサルバドル教区の大司教となったロメロは、穏健派として「何もしない」ことを期待されていたようである。

ところが、ロメロ大司教の行動主義に火をつける決定的な事件が起こった。それは農民の自助グループのリーダーとして活動していたイエズス会のルティリオ・グランデ神父の何者かによる暗殺であった。ロメロ大司教が本来持っていた、キリストの正義に根差す真の行動への確信が呼び覚まされたのはこの時だった。

ロメロ大司教の「行動主義」は、実にユニークな形をとった。「抑圧者」への批判が活動の中心に据えられるのではなく、「被抑圧者」の窮状のみをひたすら憂い、寄り添うという態度である。ただし、目の前の現実としてある「悪しき状況」に対しては、「祈り」をもって民衆に訴え掛ける方法が貫かれた。

その「行動」の模範は、まさしくイエス・キリストの受難の姿に他ならない。それまで恵まれた階層の裕福な信者の中にあったロメロ大司教の居場所は、貧困や病苦にあえぐ人びとの中へと次第に移されていった。

「抑圧されている人びと」とは、ただ社会的な弱者という意味ではない。苦しみ忍耐し続けたイエス・キリストの受難の姿に最も近い人びと、という意味である。この一点だけがロメロ大司教の行動原理を終始一貫したものとしたと言えるだろう。

憎しみをもって（武器を取って）対抗してはならない。憎しみは、愛というまったく逆の行為によってのみ解決される。仮に憎しみ（暴力）によって勝利がもたらされたとしても、すぐにまた、より大きな悪がやって来る。イエス・キリストの受難が私たちに教えてくれる真理とは、そういう態度（暴力）を究極的に打ち負かすものである。ロメロ大司教の行動はそうした事実を示していた。

二〇一八年、ロメロ大司教と同じ時代を生き、同じくイエスの苦難を模範として耐え忍んだ経験を持つ教皇フランシスコの手を通して、暗殺によって非業の最期を遂げたロメロ大司教は聖人の位に上げられた。この世の平穏を捨て、福音に従い、貧しい人びとに寄り添い、自らの命までをもささげるに至ったこの偉大な人物が、現代の混迷の解決と、平和招来の象徴的存在となるために。

47　西洋文化の「受容」に重ねて

開催に賛否両論が渦巻いた東京五輪（オリンピック）が閉幕した。半世紀以上にわたって日本サッカーを応援してきたこともあり、今回の五輪ではこの競技にくぎ付けとなった。メダルに届かなかったのは残念だが、そうした悔しさを越えて、日本人はサッカーが実にうまくなったと思うし、まだ進歩の余地は残すものの、やっと世界のトップと伍していく領域に達したという印象を強く持った。

ここに至るまで、日本サッカー界が歩んできたのはまさに茨《いばら》の道だった。

六十年以上も前のこと、日本のサッカー技術向上のためにドイツから招聘された名コーチ、故デットマール・クラマー（一九二五―二〇一五年）が、「日本のサッカーは世界から五十年遅れている」と喝破したのを、悔しく思ったものだった。

銅メダルを獲得した一九六八年のメキシコ五輪後、日本はワールドカップに初出場するまでに三十年、そして出場が当然のことになるまでにさらに二十年の歳月を要した。

コーチのクラマーの指摘通り、半世紀もの道のりの間、選手やスタッフの意識向上、サッカー少年団の育成やプロリーグの構築など、関係者の払った努力は計り知れない。「日本にはサッカーという文化がない」という半世紀以上前のクラマーの言葉に対して、今回の日本代表チームは「サッカー文化は受容できる」ことをはっきりと証明した。

ヨーロッパ文化の「受容」と言うと、全く同じように生涯をかけて取り組んだある日本人のことを思い出す。

クラシック音楽界において、世界的指揮者・小澤征爾《おざわせいじ》の育ての親で、音楽教育を通して日本人音楽家のレベルを世界トップクラスに押し上げるに功績のあった故・齋藤秀雄（一九〇二―七四年）のことである。

齋藤は、西洋音楽を学ぶ環境がなく、「音感のない日本人に西洋音楽は無理」と諸外国人から見なされていた中、幼少期のゼロから「西洋音楽脳」を作り上げることを実験的に始めた、想像力あふれる教育者だった。

音楽を習得し、西洋人と同レベルの最高のパフォーマンスを実現するためには、若い頃（幼児）から、日本人が外国語を習得するように、音楽を分析し理解した上で表現方法を学ばせるべきである。その基礎を習得した者だけが高峰に到達できる、と斎藤は信じていた。そのような信念を持つ齋藤の門下から、欧米の一流オーケストラのトップを任される日本人演奏家が多数輩出されていった。

ヨーロッパ起源の「文化」に憧《あこが》れ、ただ楽しみたいという思いだけでなく、真の「受容」を実現しようとする真摯な態度があればこそ、不可能に思えていたことが可能となったのである。

文化の「受容」という観点で言えば、西洋において練り上げられ伝えられた「キリスト教」にも、類似した葛藤と難問があるように思える。

昨今のキリスト教研究者の間では、日本人のキリスト教「受容」は成功しなかったという結論が主流である。

キリシタン時代の百年というものは、「禁教」によってその「受容」を根本から否定され、百五十年前の開国以後、キリスト教は日本において、とくに初等・中等教育、女子教育の面では大きな影響をもたらしたものの、多くの日本人はキリスト教を「受容」したとは考えず、依然として外国のもの、日本とは相容れないもののような印象を抱いている。

歴史的に見て、日本人は本当の意味でヨーロッパ由来の「信仰」を理解し、自分のものにしたわけではないと断言する研究者もいる。

「受容」が成功するとは、単に模倣やファッション感覚ではなく、日本人がキリスト教を真に理解し、受け入れ、実践した上で、それがキリスト教国と言われる諸外国の中でも大いに評価されるようになるということだろう。

そこで、大きな反省が心をよぎる。日本のキリスト者である自分は、「サッカー」や「クラシック音楽」の分野で行われたような「受容」のための努力を、果たして倦《う》まずたゆまず実行してきたのだろうかと。

ザビエルを事始めとして、多くの外国人宣教師が来日し、その多大な尽力によって日本の教会は成立し、存続してきた。しかし、あまりにも外国からの援助に頼り過ぎ、日本人信仰者としての独自の歩み、世界の教会の中で卓越して生きようとする歩みを意識できたかどうかに大きな反省が残る。

もしもザビエルに今の日本の教会の現状を見せたなら、クラマー・コーチの弁ではないが、「日本のキリスト教は百年遅れている」と言われかねない思いに囚《とら》われる。

日本は宣教国で、信徒数も少なく、また既存宗教の影響力があまりにも強いので、キリスト教自体が大きな流れとは成り得ないと考えたくなる。しかし、それが言い訳にすぎないこともよく分かっている。サッカーやクラシック音楽の世界で、無理を承知で長い年月をかけ、途中で諦めることなく歩み続けた結果として、世界で認められるに至った「受容者」としての日本人が現実に存在するからだ。

彼らは何回、「日本人には無理だ」「もう諦めろ」と言われ続けてきたことだろう。その逆境をものともせずに、彼らは前進したのである。キリスト教の「受容」についても、同じような覚悟と思い入れがもう少しあったなら、現状は今とは別のものになっていたのではと考えたくなる。そして、何より日本人が「受容」を達成し信仰を表現することで、同時にキリスト教自体の普遍的価値が広く日本国民に知られるのだという宣教的観点も自分には欠落していたと、大いに反省するのである。

「受容」とは、単なる「模倣」の枠を越えて、普遍的価値と信じるものの中に、「己の最高の姿」を示そうとする意志に他ならない。

これは、西洋文化の「受容」に粉骨砕身した日本人たちから学ぶことのできた教訓である。

48　秘跡にこもりて

この九月、ハンガリーのブダペストで開かれた「国際聖体大会」に十万人もの人が集い、盛会のうちに幕を閉じたとバチカンニュースが伝えている。教皇フランシスコは、閉会の荘厳ミサで、「聖体とは、十字架につけられたキリストであり、愛そのもの。すべてを与え、砕かれたパンである」と強調された。

コロナ禍によって暗く沈みがちな世界、人びとが分断され孤独を感じる今、信仰者が真の慰めを見いだし得るのがイエスの「ご聖体」であると、教皇はあらためて私たちに思い起こさせている。

二十年近く前の初冬、研究上の所用があってカナダのある町に数週間滞在したことがあった。

知り合いがいるわけでもなく、言葉もほとんど通じない異国の地。初冬の雪がちらつき始めた十二月初旬の夕刻に降り立った駅の暗い光景は、まるで自分の心を映したかのようだった。一週間ほど過ぎたころ、夕暮れの人もまばらでクリスマスのイルミネーションだけが不釣り合いな色彩を放つ路地を、相変わらず何も分からぬ異邦人として歩いていると、小さなカトリック教会があるのに気付いた。

木造ながら、しっかりとした造りの教会の扉は少し開かれていて、静かに、目立つことなく、行き交う人を招き入れようとしているように見えた。足を踏み入れると、暗がりの聖堂の正面祭壇に「ご聖体」が顕示されているのが見えた。

スポットライトに照らされた、質素ではあるが立派な顕示台の周りには、少し前に焚《た》かれたと思われる香炉の紫の煙がうっすらとたなびいている。その荘厳な美しさに唖然《あぜん》とすると同時に、何ともいえない慰めと喜びに満たされ、気が付いた時にはその場で数時間を過ごしていた。

世界のどこにいても「ご聖体」は同じである。「ご聖体」が顕示されている聖堂には、まるで長旅を終えて戻ったわが家《や》のような寛《くつろ》ぎに満ちた雰囲気がある。「イエスの残された救いの、目に見えるしるし」の温かい存在感というものに、ただ驚くばかりであった。

ここでは「目に見える」ということが重要で、キリストを信じる者にとってその「しるし」は、ただ言葉としてだけ伝えられるのではなく、はっきりとした形として視覚の対象となること。ここにカトリック教会の神髄を見る思いがする。後に、あの聖体顕示は「みこころの信心」を大切にする現地の人びとの特別の日（木曜の聖時間）だったことが判明した。

『カトリック聖歌集』には、聖体賛美式で歌われる「ひせきにこもりて」（246番）という歌がある。

「とわになつかしきなぐさめぬしよ」、「淋《さび》しき日の友、心の糧《かて》よ」、それが「ご聖体」であるという2番の歌詞に、私はとくに心惹かれる。

「ご聖体」を拝領し、あるいは賛美する時の心境が「奇《く》しきやすけさ」、すなわち「不思議な安らぎ」を約束する希望の歌である。この歌詞は、凍《い》てつく異国の夕暮れ体験と重なって、私個人の心境を見事に言い当てている。と同時に、「ご聖体」に「孤独の慰め」を見いだした人は世界中にあまたいて、「ご聖体」への普遍の思いがそこにあることも確認できた。

「労苦し、重荷を負っている者はみな、わたしのもとに来なさい。休ませてあげよう」（マタイ11・28）と約束されたイエスは、今、秘跡である「ご聖体」のうちにこもって、私たちを受け入れ、孤独を癒やし、慰めている。そのイエスを私たちは、聖体顕示のうちに強く感じることができるのである。

一般の常識からすると、「ご聖体」を顕示し賛美するということは、不思議で、信じられない行為である。パンとぶどう酒の形は聖変化の後、キリストの御からだと御血の「現存」となる。それを可能とするのは、「実体変化」であるとするのが、カトリックの信仰であり神学である。だからこそ、祭壇の上の聖なるホスチアがイエスご自身として礼拝でき、かつ聖堂に「ご聖体」を安置することも可能となるのである。

十六世紀の多くの宗教改革者たちが主張したように、その「現存」は象徴的な意味にすぎず、信者が信仰をもって拝領する時のみの限定的出来事だと考えていては、聖体顕示と聖体礼拝はできない。この一見してまったく不思議なことが実際に私たちの目の前で起こるというのが、カトリックの信仰なのである。

教皇フランシスコは、このコロナ禍において、ご聖体の意味を再び強く宣言された。思えば、二〇二〇年の三月、パンデミック（世界的大流行）により、ローマの全教会の扉を閉じるに当たって教皇は、バチカンの広場にただ一人留まり、聖体顕示を行《おこな》ってその終息を祈念された。

今になって、ようやく私たちは、この教皇の行動の意味に気付いた。真の慰め、勇気、力を私たちはどこに求めるべきだったのかということを。

パンデミックの期間、度重なる緊急事態宣言が発令される中にあって、〝密〟とならない配慮をしながら、信徒らの個人的な聖体訪問の機会は残し、定期的に聖体顕示を続けた教会があったと聞いている。そうした小教区があったことは、パンデミックのもたらした暗闇の中にあって、一筋の光のように感じている。

信仰者を分断させようとする力は、「ご聖体」のもたらす一致の力には到底及ばないというメッセージを届けていたと思えるからである。

©Vatican Media

49 「修道士」アルメイダの回心

十六世紀の日本の宣教地で活躍したルイス・デ・アルメイダがユダヤ教から改宗したコンベルソ（改宗者）であったことについてはすでに取り上げたが、今回はアルメイダのヒューマニスト（人道主義者）としての側面に注目してみたい。

フランシスコ・ザビエルの離日直後に来日したポルトガル人宣教師バルタザル・ガーゴ神父は、国王ジョアン三世に宛てた書簡の中で、「本年（一五五五年）、ルイス・デ・アルメイダというポルトガル人がイエズス会の霊操を受けるため、豊後に留まって待機している」と報告している。

イグナチオ・デ・ロヨラの「霊操」を受けるということは、イエズス会への入会を考え、俗人の身分を捨て、生涯「神の国」のために奉仕したいと直《じか》に申し出たわけである。ヨーロッパ以外の宣教地で、入会を志すヨーロッパ人信徒が出現することは珍しかったので、その出会いは特別なものだったのだろう。

ただ、ガーゴ神父と共に豊後にいたコスメ・デ・トルレス神父も、モルッカ諸島をさまよっていた時にザビエル神父と出会い、その圧倒的な人格に魅了されて入会を決意した体験を持っている。そのため、アルメイダという この風変わりな人物を温かく受け入れることができたのであろう。トルレス神父はすでに司祭であり、アルメイダは信徒という違いがあった。アルメイダ三十歳の夏のことだった。

アルメイダが「霊操」を望んだというそのことにこそ、この人物を理解する鍵がある。日本人の習慣としてあった「子供を育てる辛労、または貧苦のために赤子が生まれるとすぐにこれを殺す」（間引き）ことや中絶に心を痛めたため、そうした子供たちを救いたいというはっきりとした意志をアルメイダは抱いていたと言われている。

イエズス会への入会が許されるなら、これまで商《あきな》い行為で蓄えた一千クルサードを寄付に充《あ》て、幼児を保護する施設を設けて、そこで乳母たちと共に二頭の雌牛《めうし》を飼育して子供たちの養育に努めようという具体策まであった。また、豊後の市中に数多くいた「重い皮膚病の患者」の保護も彼の念頭にあったという。

トルレス神父やガーゴ神父はアルメイダの案を実現させるべく、国主・大友宗麟に提言したところ、たいそう喜んだ国主はイエズス会に大きな支援を約束した。現在、大分市では宗麟の居館とその周辺の発掘調査が進行中だか、屋敷跡の二ブロック先の少し高台になった所は、古地図に「デウス堂」という名が記されていて、病院と修道院の立地だったと推定されている。幼児への牛乳の提供以外に、貧者には栄養補給のため牛丼が振る舞われたとの記録があるのも、この場所である。墓地の跡から乳幼児の遺骨と共に、牛馬のものらしき骨が発掘されたことは、アルメイダの希望通りの施設があったことを意味している。

リスボン（ポルトガル）の裕福な改宗ユダヤ人の家庭に生まれ育ったとされるアルメイダが、医学を学んだことは確かである。リスボンでは一四九八年、国王ジョアン二世の勅書をもって設立されたトードス・オス・サントス（諸聖人）病院が、それまであった三十二の修道会運営の小病院を統合して大病院となり、付属の医学校も併設されていた。アルメイダはそこで、外科医の見習い免許を取得したとされている。

病院は「感染症病棟」、「外科病棟」、そして「女性専用病棟」の他に、回廊を設けて重い皮膚病者たちを保護し、病人の肌と衣服を清潔に保つためのプールが中央に設置されていた。豊後国府内（現大分市）の病院が、「外科病棟」「内科病棟」と共に「貧者の家」としてあらゆる皮膚病の患者を収容し保護した発想の裏には、このポルトガルのトードス・オス・サントス病院がモデルとしてあったと考えられる。

一五五二年、来日直後のアルメイダには回心が生じていた。この人のうちに早くから芽生えていた慈愛の心が、硬い殻を突き破り、突如大きく成長を始めた。社会の底辺に置かれた人びとがないがしろにされていることに耐えられず、まさに福音書の「慈悲の所作《しょさ》」を体現する生涯を決断したと言える。

日本最初の西洋式病院である豊後国府内病院は、当時のイエズス会の責任者であったトルレス神父やガーゴ神父が創設したということになっている。しかし、実際、額に汗し、人びとに寄り添いながら、慈愛に満ちてその実現に努力したのはルイス・デ・アルメイダその人に他ならない。彼の医学の知識、貧者に対する深い慈愛の心なくして、育児院も病院も具体的な形をとることは決してなかっただろう。

そして、日本人の目には極めて稀《まれ》で特別なその場所を、人びとの協力を得ながら立派な治療・療養施設へと発展させたアルメイダは一五六一年、心血を注いだ病院を日本人グループ（慈悲の組）に委ね、自身は新しい宣教地開拓の命を受け、諸国周遊へと旅立った。

アルメイダは生涯のほとんどを司祭ではなく修道士（イルマン）として過ごした。

この事実が重要であり、意義深い。司祭でなければ宣教師として十分な力を発揮できないという大方の思い込み、偏見とは異なり、日本のキリシタン史上、最も大きな愛情を注ぎ尽くして輝いた宣教師が修道士（イルマン）だったという事実を、私は声を大にして伝えたい。

一五七九年に来日したイエズス会の長上である巡察師ヴァリニャーノにその業績を認められ、マカオに送られて司祭となったのは、アルメイダが亡くなる一年前、すなわち彼が五十四歳の時のことだった。

文字通り、日本人への愛を最も明らかな形で証明した外国人のアルメイダ。その生涯には、まだまだ語り伝えるべきことが山ほどある。その功績は、たとえ「聖人」として顕彰されずとも、この国の人びとの心の記憶に末永く留められるべきものと言えるだろう。

50　長崎、四百五十年後の再生

二〇二一年十月三十一日。晩秋の午後、福岡発の高速バスは、佐賀の武雄・嬉野を過ぎ、夕日に輝く大村湾を見下ろしながら疾走した後、すっかり暮れ落ちた街のターミナル（終着駅）へ滑り込んでいった。

研究調査のための三年ぶりの長崎訪問。新型コロナウイルス感染症のパンデミック（世界的大流行）で近寄ることさえ許されなかったこの憧れの街への再訪に、心踊る思いだった。

夜の闇に覆われた長崎は、静寂のみならず、寂寥《せきりょう》感すら漂わせていた。パンデミックが大きな影をこの街に残しつつあるのだろうか。しかし、その陰鬱とした思いは、翌日の朝日の下、巨大な建設現場が姿を現した途端、一瞬にして覆された。長崎は今、再興プロセスの真っただ中、まさに生まれ変わろうとする「夜明け前」の状態だということに気付いたからである。

JR長崎駅を中心に、都市の再開発が急ピッチで進められている。長崎新幹線の高架工事はほぼ完了し、九州全土と高速で結び付く日も間近である。ローカル（地方特有）なたたずまいを湛《たた》えていた旧長崎駅の面影はすでに無く、ほぼ完成している巨大な駅ビルのスカイライン（輪郭）が美しい曲線を描き、全国からの旅人を迎える準備に余念がない。

ことし二〇二一年は、長崎開港四百五十周年の記念すべき年にも当たっている。一五七一年を「国際港」としての開港年とする説には異論があるのも事実である。それまでも（中国・朝鮮からの）外国船が往来しなかったかと言えば、そうではないからである。しかし、ポルトガル人を通じて、長崎が世界中の認識に組み込まれたその最初が一五七一年だったという事実は動かせない。

再生を遂げようとしている長崎の、これまでの歴史で何か一つ重大な出来事を挙げよと言われれば、私は「長崎イエズス会領」の存在を挙げたいと思う。この「長崎イエズス会領」は、さまざまな省察を生み出すことができる史実である。そして残念ながら、実に複雑でネガティブな感慨をもたらすのである。

一五八〇年、大村純忠がイエズス会巡察師のアレッサンドロ・ヴァリニャーノに委託割譲し「イエズス会領」（長崎・茂木）を誕生させた事実は、キリスト教の側からの検証があまり行われていないようにも思う。

その頃、長崎は、佐賀の龍造寺勢力の圧迫を北から受け、さらに諫早の西郷氏や彼杵の深堀氏と対立関係にあって、四方の出口をふさがれ、孤立した状態にあった。竜造寺、西郷、深堀、彼らはいずれも反キリシタン勢力である。

キリシタン大名の大村純忠は、イエズス会との協力関係によって、南蛮との結び付きを強固にする意図があった。南蛮船一回の入港で入手できる金額は、長崎の歳入に匹敵するほどの額だったとも言われている。

一方、ヴァリニャーノ側にあった思惑は、九州全土、および全国のキリシタン（当時、全国で十五万人）の保護だった。日本の各地でキリシタン迫害が生じたら、直ちに長崎を避難所とし、逃げ込めるルート（経路）を確保するという目的があったのである。

大村純忠の『寄進状』は、長崎だけでなく、橘湾に面した小さな港町「茂木」の割譲も同時に提示している。長崎の港だけ割譲されても、それは避難所の意味を成さない。「茂木」（現在は有名なビワの産地）が加わることで、そこから有馬領の島原半島、大友領の高瀬（現・玉名）、そして大友領全域に伸びる動線が初めて確保できるのである。

大友、有馬、大村の三大キリシタン大名領と長崎とをつなぐ鍵を、「茂木」という港が有していると見抜いたのはヴァリニャーノの慧眼《けいがん》だと思う。したがってこの『寄進状』は、イエズス会の側から提案されたものだとも言える。なぜなら「茂木」という土地を譲渡する理由が、大村純忠の側にはまったく無いからである。

そうした純忠とヴァリニャーノ双方の思惑は、一五八七年、薩摩討伐を名目として九州入りした豊臣秀吉によって打ち砕かれる。有名な秀吉の「バテレン追放令」は、視点を変えれば「長崎イエズス会領」の没収という意図の反映でもあったようだ。九州では、キリシタンがことのほか勢力を有し、しかも各地のキリシタン集団がネットワーク（網状組織）で結び付き、非常に堅固な絆を築いていると秀吉は考えたのであろう。秀吉は実際、「長崎」を「一向宗」の結束の象徴であった「寺内」に似たものだとして警戒する文書を残している。

キリシタン大名の二本の柱であった大村純忠と大友宗麟が相次いでこの世を去ったタイミング（時機）を見計らって、秀吉は天正十五（一五八七）年六月十九日、「バテレン追放令」を布告した。このタイミングは偶然ではない。

「イエズス会領」の存在は、キリシタン側の視点からは大いに称賛すべきことだが、秀吉のような天下統一を目指す為政者からすれば、とても放置することのできない大問題だったことが分かる。

長崎の西坂の丘に立つとき、私はいつも、ローマのジェズ教会にある「元和大殉教図」のことを思い出す。そこには、この地で現実のものとなった壮絶な「殉教」の歴史が実に克明に再現されている。「イエズス会領」の実現を避けることはできなかったのか。それは「キリシタンの世紀」の輝かしい金字塔であったかもしれない。しかし、同時にキリシタン悲劇の出発点となったと言えなくもないという思いがあるためだ。

もちろん、長崎をキリシタンのみで語ることはできない。多くの憧れと省察の材料を混在させているわが国最高の歴史遺産都市、それが長崎なのである。そんな魅力あふれる長崎が、これからどう生まれ変わるのか。多くの歴史を語り継ぎながら、新たな未来を築いていってほしい。

51　慈悲の証し

二〇二一年のNHK大河ドラマ、「青天を衝け」を毎週楽しみに視聴した。秀逸なシーンがたくさんあったが、中でも、渋沢千代（主人公・渋沢栄一の妻）が、貧窮者を保護する施設「東京養育院」で、子供たちと心を通わせて語り合う姿には深い感動を覚えた。その姿に四百年前に都地区（京都、伏見、大坂、堺）で生きたキリシタンを重ね合わせ、同じような心を持つ日本人がいることに安堵したためである。

明治日本の近代化に、多方面で大きな足跡を残した渋沢栄一。中でも渋沢が設立に関わり、さらに生涯をかけて見守った「東京養育院」（現・地方独立行政法人 東京都健康長寿医療センター）の存続には大きな意義を感じる。

栄一は、その施設が国営から離れた後も、生涯、私財を投じて守り、月に一度の訪問を欠かさなかったという。その事業における彼の私利私欲のない純粋な心の在り方を、妻・千代の場面が静かに語っていた。

近代化を目指す明治日本に、早々と「養育院」が誕生したのは、何も栄一が渡航先のフランスの慈善活動から直接ヒントを受けたからではないだろう。江戸時代にも飢饉の貧民救済の施設が幕府によってしばしば建てられた事実がある。しかし、「養育院」を最後まで見守った栄一の心は、単に「公共の益」という発想だけでは説明がつかない。彼の中に、貧者の境遇を思いやる、本物の「慈悲の心」が備わっていたことの証しだと思えるのである。

「公益」のみに基づく慈善事業ならば、「働かない貧しい人を甘やかすだけ」という発想に、当初の善き意向が覆されることも容易であり、事実、「養育院」はその理由で何度も閉鎖の危機に直面している。

「貧困者」は何も自ら望んでそうなったのではない。ある者は病の故に、ある者は災害の故にやむなく苦しみにあえいでいるのである。この世の理不尽、どうすることもできない苦しみに、答えを見いだそうとするのは、「信仰」のなせる業《わざ》と言える。

信仰にまでは至らなかった栄一だったが、少なくとも渡航先のフランスで貧者救済の本質に触れたのかもしれない。

社会福祉活動は、「箱もの」・制度・組織という外面だけではなく、人間愛を土台に据えた内面からの促しによって存続するという真実に、渋沢が気付いていたからなのかもしれない。妻・千代のシーンは、渋沢のその「気付き」のメッセージとも見て取れる。

人には誰にでも、困っている人を放っておけないという心がある。貧困で食べる物、着る物がない人、病の人、牢獄につながれる人、寝る場所を持たない人。そうした多くの人びとを目の前にして、少しでも恵まれている人は、何とか手助けできないものかと考える。社会制度で何とかするという発想の前に、まず一人の人間として現れるのが「慈悲の心」だ。

かわいそうな者を助けるというのは、「上から目線」の発想ではないかとよく批判されがちである。しかし、「慈悲の心」は上下関係などを超越したところにある。目の前の苦境にある者に何かをしたい、そう思うと居ても立ってもいられないという思いこそが「慈悲の心」というものである。

四百年前、同じような心を持った日本人たちがいたと私は確信している。

一六二一年、京都、大坂、堺に住んでいた信徒たちが教皇パウロ五世（在位一六〇五―二一年）に送った手紙の署名者の中から、都の「慈悲の組」の代表者の名前を見つけた。「慈悲の組」とは、ポルトガル語の「ミゼリコルヂア」と表現される団体である。信徒だけのサークル活動と言ってよく、ヨーロッパでは十三世紀頃から各地で成立が相次ぎ、人びとはそれらのサークルを通じて、今で言う社会福祉活動を実践していた。

十六世紀の末には、堺や大坂を中心に、行き場を失った「重い皮膚病」の患者を保護する施設が幾つかあったという記録が残っている。すでに一五六〇年代頃から、都を中心として貧者を助ける裕福なキリシタンの存在が知られていたが、とくにその活動に力を尽くしたのは、一五六六年頃、大坂と堺に「重い皮膚病」の病者のための施設を造ったキリシタン大名・小西行長の家族など、都に住む中・上流層の人びとだった。大坂のそうした病院には、全国から六百人もの「重い皮膚病患者」が集まった。堺でも常時六十人ほどの病者の世話に当たったと言われている。

信徒たちが教皇に手紙を書いた一六二一年当時の状況を想像してみると、それはまさにドラマそのものと言える。この年のわずか二年前には、京都で五十二人のキリシタンが処刑される事件（京都〈元和〉の大殉教）が起きている。都周辺で貧しい病者の保護を続けることは、至難の業《わざ》であったはずである。しかし、キリシタンたちがその活動をやめた形跡はない。むしろ堺では、より活発とも思えるような「救済活動」が一六二〇年代以後にも見られる。

いつ連行され、残酷な責苦に遭い、あるいは命を落とすことになるかもしれない中にあって、専門の職人たちで構成された「慈悲の組」の仲間たちは、教皇への書簡ということで、極上の和紙（雁皮《がんぴ》）に青の下塗りをした後、金泥で描画した上、金箔をちりばめた。信徒の中には、塗師《ぬり》、蒔絵屋、薬屋、麹屋、綿屋、材木屋、銅屋、絹屋などの屋号を持つ人びとが加わり、優れた工芸品を生み出す能力や技術、そして財力には事欠かなかったのだろう。教皇への書簡は、ひと目でキリシタンが手掛けたと分かるもので、その制作作業はまさに命懸け、まったくの極秘の裡《うち》に行われたことは間違いない。出来上がった書簡は、彼らの「心の証し」そのものに他ならなかった。

「慈悲の心」を表現するのに命懸けの覚悟が必要だった時代、なぜ人びとはそのような行動に駆り立てられ、あえて力を尽くしたのだろう。その答えは、本物の「慈悲の心」を持つ時、初めて理解できるものなのだろう。

52 「一人の魂を救う者は」

ジョン・レノンとオノ・ヨーコの名曲『イマジン』を知らない人はいないだろう。あの一度聴けば忘れない、シンプルで趣《おもむき》深いメロディーは、一九七一年に発表されて以来五十年、世界中の多くの人から常に愛され続けてきた。しかし、その歌詞に目を向けると、キリスト者としてとても心穏やかではいられなくなる。

その歌詞は、「想像」してみてほしいと呼び掛ける。天国も地獄もなく、人びとが今日だけのために生きている世界をイメージさせながら人を殺したり人が死んだりするような国がなく、宗教もなく、人びとが平和な世界に生きていることを想像してほしいと続ける。そのように思う「私」は一人ぼっちの「夢追い人」なのだろうか、いやそうではなく、「あなた」もいつかその輪に加わって、世界が一つになることを望む、と。

『イマジン』の示す世界観は、「ニューエイジ」（新時代）の到来を声高に叫ぶ人びとのそれと呼応しているかのようだ。新宗教団体「ニューエイジ」[32]運動は、占星術的に時代を読み取ろうとする。過去二千年間続いた「魚座《うおざ》」の時代が二十世紀末頃に終わり、「みずがめ（水瓶）座」（アクエリアス）の時代に移行した。すなわち「魚《うお》」[33]（イクトゥス）が象徴する「キリスト教が栄えた時代」は、もはやそれを必要としなくなる「新しい時代」に移ったのだと。

その反キリスト教的・反教会的メッセージの故に、教皇庁（バチカン）がこの歌に厳しい批判の目を向けているのも当然である（教皇庁文化評議会／教皇庁諸宗教対話評議会『ニューエイジについてのキリスト教的考察』二〇〇七年参照）。

『イマジン』の歌詞が、「ニューエイジ」運動を意識して書かれたものかどうかは分からない。まったく関わりのないものかもしれない。しかしこの歌の登場以来、半世紀。教皇庁が正しく言い当てたことが一つある。それは、「夢追い人」の多数存在する時代が現実になったということ、その輪に加わる人が次第に増えたということである。

これまで数千年にわたって尊ばれてきた宗教や国家、制度やシステムが悪用され、乱用を受けた結果、世界中の人びと、とくに若者が失望している。日本でも、一九九〇年代に宗教が利用されたさまざまな事件以後、「宗教」はネガティブなもの、「カルト（宗教儀礼）は悪である」と受け取る若者が確実に増えてきている。

そんな現実にキリスト者は、なおもイエス・キリストとその教会を信じて生き、さらにその輪を広げようとしている。キリスト教は要《い》らないと、真っ向勝負で対決されるのなら、まだ対処の方法がある。しかし、「ニューエイジ」運動に見られる特徴は、無視か無反応にシフト（移行）している点にある。「人を幸福にする新しい方法は別にある」と、彼らは目を宗教以外に向けさせようとしているのである。私たちの信仰の先輩たちが営々と築いてきた宗教の伝統の多くが今、姿を消しつつある。

その昔、若者たちであふれかえっていた教会というものはもうない。病院で献身的に看護に尽くしていたシスターたちの姿も見えなくなった。学校では「宗教」について語ることが憚《はばか》られ、場違いのような印象を持たれている。教会関係者はガランとした主日の聖堂で、多くの人びとへの「救い」に関与できていないもどかしさを感じているかもしれない。

キリスト者たちは無意識のうちにも自問しているのではないだろうか。「私たちが築き上げようとしていたのは、いったい何だったのか。信仰や教会、宗教などなくても、社会は何一つ困っていないではないか」と。

多くの「夢追い人」の共鳴者に囲まれながら、いまや、キリスト者に残されているのは、大胆な発想の転換しかないように思える。伝統的に教会は「改宗者獲得」を目指し、多くの人びとに洗礼の輪を広げ、社会の中に「影響力」を打ち立てる努力をしてきた。しかし、教皇フランシスコがかつて語ったように、「改宗者獲得が教会を成長させるのではない」ということを、キリスト者は気付き始めている。そして、何か大切なことを忘れてはいないかと立ち止まった。

「一人の魂を救う者は、全世界を救う」という言葉がユダヤ教にはあるそうだ。結果の豊かさや数の多さ、影響力の強さばかりに気を取られていると、見失ってしまう大切な教えである。「どれほど受け入れられたか」ではなく、「自分は何を伝えようとしてきたのか」の方が、よほど大切なことだと気付かされる。私たちが伝えようとしてきたのは、「福音のイエス」ではなかったのかと。

「教会は一人ひとりに魅了を伝えることによって成長する」とは、教皇フランシスコの言葉である。

「私」という個人を通して、「福音のイエス」の魅力を感じ取った人がまったくいなかったわけではない。それは、大勢の人が集まり、喝采の声が渦巻く喧騒の場の出来事ではなかった。ニコデモやアリマタヤのヨセフ、サマリアの女性、そしてナタナエルらが「一対一」で感じたあのイエスとの出会いを、私たちはそれぞれの持ち場で再現していたのではないだろうか。

教室で、病棟で、そして告解場で、一人ひとりの心に静かに伝えられた「福音のイエス」こそ、私たちを生かし続ける力なのである。人びとは、自らの人生を振り返るたびに感謝のうちに思い起こすに違いない。「私の人生の中でイエスは確かにおられ、そして語り掛けられた」と。

「福音のイエス」の種を倦《う》むことなくまき続けたい。それがどのように成長するか、それは私たちが心配することではない。「一人の魂を救う者は、全世界を救う」という言葉が成就する未来に、私たちは必ず立っていることを信じながら、「種まき」を続けたい。

【注】

32 二十世紀後半に現れた自己認識運動であり、宗教的・疑似宗教的な潮流。「ニューエイジ」とは、魚座の時代から水瓶座の時代（Age of Aquarius）の新時代に移行するという西洋占星術の思想に基づいている。カトリックで異端とされるグノーシス的・超越的立場を根幹とし、物質的世界によって見えなくなっている神聖な真実を得ることを目的としている。教皇庁文化評議会／諸宗教対話評議会は二〇〇七年に『ニューエイジについてのキリスト教的考察』を発表。とくに司牧者に対して、「（同運動は）キリスト教と相容れない」として警鐘を鳴らしている。

33 キリストの象徴のこと。五世紀以前に見られる。ギリシャ語の「イエス・キリスト、神の子・救い主」の頭文字をつなげると、「魚（ichthus＝イクトゥス）」となる。初代教会の迫害時代には、信者同士の身分確認にも使用され、地下墓所（カタコンブ）の壁画にも魚の絵が残る。「魚」は、漁夫から使徒になったアンデレ、ペトロ、ヤコブ、ヨハネや、大天使ラファエルと老トビアの話（旧約聖書）など、キリスト教との関連が深い。

53　ヴィア・ドロローサ　〜主の受難の道〜

ことしも四旬節が巡ってきた。コロナ禍三年目で、海外渡航は不自由なままである。キリスト者が一生に一度は訪れたいと考える聖地への巡礼もままならない。

中世ヨーロッパの信徒たちは、イスラム教徒の支配する聖地に赴いて主の受難の道（ヴィア・ドロローサ）を歩く夢が叶《かな》わなくなると、故郷に居ながらにしてその道をたどる黙想、すなわち「十字架の道行」を考案した。仮想空間（バーチャル・リアリティー）のヴィア・ドロローサが出現したわけである。

聖地エルサレムの地図を開くと、十字架刑の行われた刑場のゴルゴタの丘と、埋葬地に建てられた聖墳墓教会が、現在のエルサレムの城壁の内側、市街のほぼ中央に位置しているという事実に気付く（＝次頁写真）。

丘や墓所と言えば、町の中心から離れた城外のイメージである。こんな町の真ん中で十字架刑が行われたのだろうかと疑問が生じるが、その答えは至って簡単で、現在のエルサレムの北側の城壁（写真の①の部分）は、イエス時代にはまだ存在していなかったのである。

　エルサレム郊外にあるイスラエル博物館には、その庭園部分に、紀元一世紀（すなわちイエスの時代）のエルサレムのジオラマが、五十分の一の縮尺で作られている。現代イスラエルの建築家や考古学者らの英知を集めた傑作である。

　なぜユダヤ人が紀元一世紀のイエス時代のエルサレ

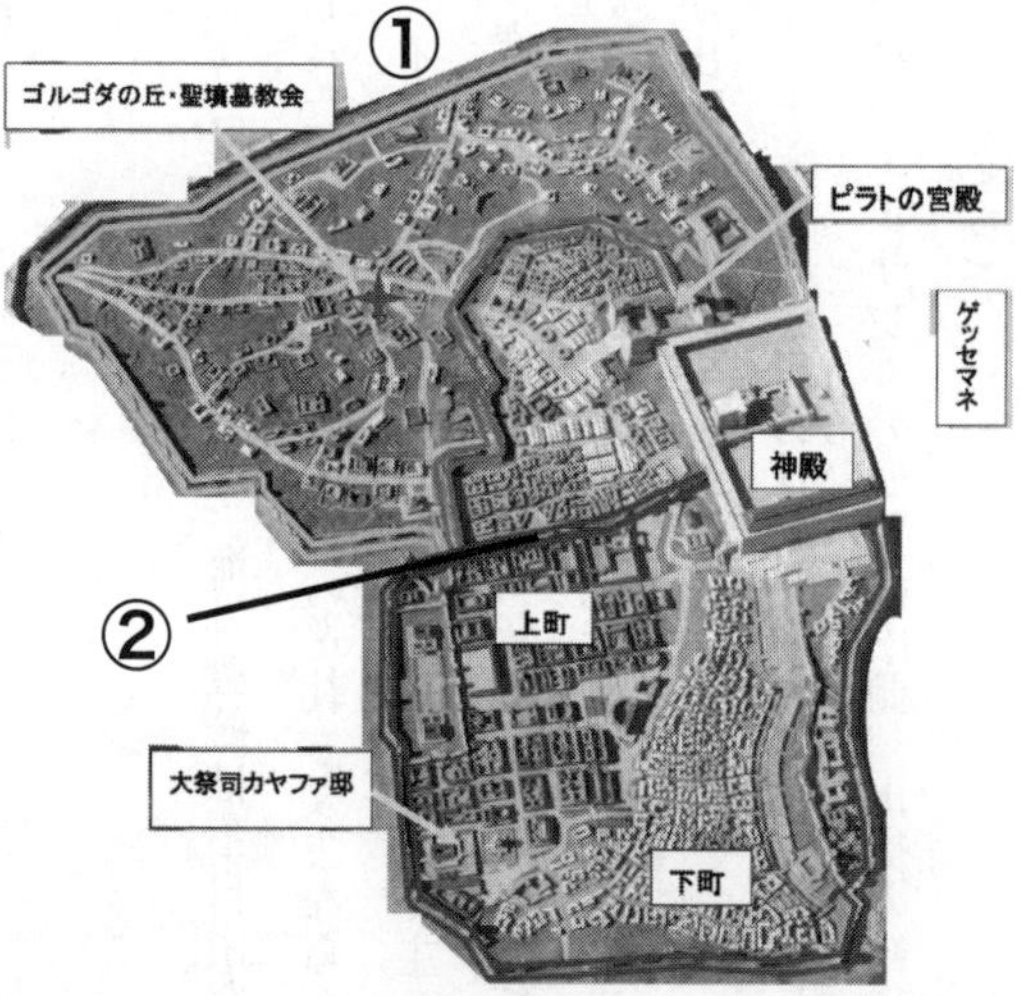

出典 David Amit 他 *Model of Jerusalem in the Second Temple Period* より（イスラエル博物館模型）

「ヴィア・ドロローサ」
エルサレムのジオラマ

ムを再現したのか。もちろんキリスト教に忖度《そんたく》したわけではなく、その時代がユダヤ人にとってもエルサレムにとっても、「黄金時代」と位置付けられるためである。イエスはそんな時代に登場した。そのジオラマを頼りに、当時のエルサレムの雰囲気を感じてみたい。

紀元前一千年頃に、ソロモンとダビデの両王の時代から神殿を中心として発展し続けたエルサレムの地理的環境は、世界に例を見ない特異なものである。エルサレムの町は、地中海の海岸線から隆起する丘陵地帯の頂上に位置し、湿った海風はその丘陵の西斜面で遮断される。故に湿潤なエルサレムは緑に囲まれた地となる一方で、その一歩先の丘陵の東側は、乾燥した荒野が隣り合わせに迫る地となった。自然豊かなエルサレムやガリラヤと、「荒野」や死海の風景が共存するという聖書世界の構図というものがそこにはある。

エルサレムの町は、イエス時代の城壁の南半分（写真の②の城壁部分）において、富裕層の住む「上町」と、庶民ないしは貧者の住む「下町」に分かれていた。「上町」の住居は、瓦屋根と堅固な壁を持つ邸宅群となり、一方、「下町」には、簡素な土塀の背丈の低い建物が立ち並び、天井は木材で覆われていたようである。イエスの説教中、天井を剥《は》がして病者を床ごと吊り下げたという話（マタイ1・1—8、マルコ2・1—12、ルカ5・17—19）は、こうした「下町」の家屋構造を連想させる。「上町」には大祭司カイアファの邸宅があり、イエスが踏み締めたであろう邸宅の石階段が、近年の発掘によって姿を現している。「最後の晩餐」が行われた場所もこの「上町」にあった。

洋の東西を問わず、古来、処刑場は城壁の外、街道沿いに設置されるのが常で、市街には決して墓所を設けない。古代人の考えでは、日常生活と「死」は切り離すべきものであり、街の中に「死者」の入り込む余地はなかったのである。

城門の外は[34]結界となり、「されこうべ（骸骨）の場所」と呼ばれるにふさわしい領域を形作った。城壁の内側に墓が造られ、教会内の墓が日常風景となったのは、「死者」の呪われたイメージを払拭し、墓所をこの世を去った「聖者」の追憶の場へと変化させたキリスト教の死生観が現れたためである。

約二十年前に評判となったメル・ギブソン監督の映画『パッション』の映像は、このジオラマを忠実に取り込んだように見える。キリストの「受難」を題材にした作品の多くが、ゴルゴタを「美しい丘」として連想させたのとは逆に、この映画が描いた、腐臭に満ち、粉じん舞い上がる風景がゴルゴタの真実に近いということが最近では強調されるようになった。

現在のヴィア・ドロローサは、商店が所狭しと立ち並ぶ騒々しい通り沿いに位置している。イエスが実際に歩かれた道は、地下二十メートルほどのところに埋もれているため、当時の状況を想像するのは難しくなっている。

一つはっきりしていることは、映画『ベン・ハー』やその他の映像が示すような、イエスを絶対的主人公として中央でクローズアップし、群衆が押し寄せ、ひしめき合う光景はおそらく現実の姿ではなかっただろうということである。

多くの人にとっては、今、目の前を通り過ぎる「囚人」が誰なのか、何をしたのかさえ関心がなく、政治犯の哀れな姿にしか見えなかったかもしれない。イエスの十字架と受難の真の意味を理解していた人は、その時、エルサレムには一人もいなかった。それ故に、「イエスの孤独」が最高潮に達したその空間こそが「ヴィア・ドロローサ」である。

聖イグナチオ・デ・ロヨラは、『霊操』の中で、黙想の「場面に入り込む」重要性を強調している。イエスが目の前に立っておられるように想像を働かせる、という方法である。
イエスが歩いた道の感触、辺りの喧騒、人びとの表情などを具体的に思い浮かべながら、イエスと共にその場に佇《たたず》んで黙想してみるのも、復活を準備する四旬節のよい過ごし方かもしれない。

【注】

34 一般的には、聖なる場所と俗なるものとを分ける境目のことをいう。本来、仏教用語から始まったものだが、密教や神社（神道）でも同じ概念がある。

54 「ウラジーミルの聖母」のイコンの前で

「戦争や反乱のことを聞いても、うろたえてはならない。……民は民に、国は国に逆らって立ち上がる。また、大地震があり、方々《ほうぼう》に飢饉や疫病が起こ」る。（ルカ21・9―11）

二〇二二年の「灰の水曜日」を過ぎた今、世界は、まさにこのルカ福音書の中でイエスが語られたことを現実のものとして生きている。そんな中、インターネットのニュース映像で衝撃的な光景を見つけた。

ところはウクライナとポーランドの国境。幼い、五歳ぐらいの少女が両親の間に立って泣いている。白いニット帽をかぶり、赤いダウンのコートを着た少女は、無言でただ大粒の涙を流している。若い父親はウクライナ人で、これから東部の町に戻り、兵士として戦う覚悟。大好きなお父さんに、もう二度と会うことがないと少女は分かったのかもしれない。その少女の心中を思うと、胸が張り裂けんばかりの悲しみに襲われる。戦争がつくり出すのは、この現実に他ならない。

教皇フランシスコは、三月十六日、ロシア正教会のキリル総主教とオンライン協議を行い、「代償を払うのは一般人」と歎き、平和と一致の努力を続けるよう呼び掛けた。その言葉のすぐ後に、「それは、ロシア兵でもあり、あるいは爆撃を受けたり亡くなったりする人たちです」と、「一般人」（the People）の意味も示された。「ロシア兵もか」と一瞬戸惑いを感じたが、ここでいう「一般人」の対極には、あえて名指しは避けながら、「世の支配者」が置かれている。ウクライナの民と同様、戦いに駆り出された「ロシア兵」もまた、自分が原因をつくったわけでもない「代償」（the Price）を払わなければならない「犠牲者」であることに変わりはないとの認識である。

ウクライナは肥沃な穀倉地帯と呼ばれ、歴史的に多くの異民族が東から西から絶えず移動し、そのたびに「支配者」が交替した歴史を持っている。そのつど、「最も強い」誰かが、そこに住む人びとを支配し、あるいは蹂躙《じゅうりん》してきた。

ミュージカル『屋根の上のバイオリン弾き』は、ウクライナのアナテフカ村（架空）に暮らすユダヤ人を描いていたが、この作品は、苛酷な運命を体験したこの地の象徴的な姿を示していた。

第二次世界大戦の独ソ戦の下《もと》、ウクライナにいた多くのユダヤ人がナチスによるホロコースト（集団虐殺）の犠牲となった。また一九三二年から三三年にわたって生じた「ホロドモール」（大飢餓）は、ソビエト社会主義政権がウクライナ農民に徹底した収奪を行った結果の人災であり、実に四百万人ものウクライナ人が餓死したとされている。

日本にいて、このウクライナやその周辺にいる「一般人」の苦悩は、想像と理解をはるかに超える。また、そこで生じている紛争のことも正しくは理解できないでいる。

連日、インターネットにあふれる情報は錯綜し、それぞれの主張をフェイク（偽物）だ、プロパガンダ（政治宣伝）だと非難の応酬が絶えない。しかし、あの国境の小さな家族のことは紛れもない「現実」である。訳も分からず家族が散り散りにされ、砲弾の音に怯《おび》えながら、いつ家に戻れるのかも分からず、ただ不安で涙を流している子供たちがいる。家族を失った人びとの数も相当数に上る。

時の支配者たちがどのように考え、どんな理念やイデオロギーを振りかざそうと、そのいずれにも与《くみ》するつもりはない。そこに正義は存在せず、あるのはただ弱者の苦悩のみである。ただ、そのはざまで悲しみ苦しむ人が一人でも減ることを心から願うばかりである。そのために私たちは、何もできないのか?

できることがあるとすれば唯一つのことだけである。それは「祈ること」に他ならない。私は、個人的に崇敬してやまない聖母イコンの前で祈る。「ウラジーミルの聖母」と呼ばれ、ロシア人が最も大切にし、「ロシアの保護者」とも言われ、日本でもよく知られたあのイコンの聖母の前に祈る。

「ウラジーミルの聖母」のイコンは、十二世紀、コンスタンチノープルで描かれたとされ、直後にキーウ(ロシア語でキエフ)に渡り、紆余曲折を経てロシアのウラジーミルの被昇天大聖堂に安置された。一三九五年までは、確かにウラジーミルにあったと言

「ウラジーミルの聖母」

われている。十六世紀の異民族との戦いの際にモスクワに移され、二十世紀のロシア革命の時に、当時の政府が接収し、モスクワのトレチャコフ美術館の所蔵となった。一九九〇年代のソビエト崩壊を機にモスクワの聖ニコライ教会へ移管されて現在に至っているとのことである。

まさに、この地の激動の歴史を駆け抜け、人びとの苦しみや悲しみをつぶさに見てこられた「聖母」と言えるだろう。そしてもし、この地の平和回復を願うとするなら、それは、この「ウラジーミルの聖母」の取り次ぎ以外にはないと思う。

「ウラジーミルの聖母」の優しいまなざしには、そこはかとなく憂愁が漂っている。それは、多くの戦争の悲惨と現実を見つめてこられたまなざしであろう。あの国境の親子にも向けられたまなざしであったに違いない。

今こそ、「ウラジーミルの聖母」の取り次ぎを願い、ウクライナとロシアの「一般人」のために祈りたい。これらの人びとが、「忍耐によって…命をかち取りなさい」（ルカ21・19）というみことばの成就する日を、一刻も早く迎えることができますように。

至聖なる神の母よ。私たちの祈りを聞き入れてください。私たちを悪（人）の業《わざ》から救ってください。突然の死、悔い改めることなく訪れる死から守ってください。私たちの祈りに慈しみの心を注ぎ、悲しみではなく喜びを与えてください。

聖なる母よ、全ての困難、災い、悲しみ、病から私たちを救い出してください。罪深い私たちを主の来臨の時にそばに置き、あなたの子、神であるキリスト、神の国の世継ぎである御子の下《もと》に憩わせ、聖なる人びとと共に永遠の命を受けることができますように。アーメン。

55　最初の日本人司祭、木村セバスチャンのこと

二〇二二年は、長崎の元和大殉教（一六二二年）から四百年に当たり、「キリシタンの世紀」を振り返る上において、大きな節目となっている。

「元和大殉教」とは、江戸幕府による禁教令下の一六二二年九月十日、長崎の西坂において、五十五人のキリシタンに対して行われた最大規模の処刑のことである。二十五人の修道者と三十人の信徒が、日の出前から集まった三万人ものキリシタンの目の前で火炙り、もしくは斬首によって殉教を遂げた。ローマのジェズ教会に残された「元和大殉教図」が、その状況を克明に今日に伝えている。

明治維新直前の一八六七年、「日本復活教会」の事跡を世に知らしめ、全世界の信仰を奮い立たせようとした教皇ピウス九世により、殉教者全員の列福が宣言されている（日本二百五福者殉教者）。

日本人は何かにつけて「最初」が好きな国民で、歴史書の記述には「最初」の事例

があまた並んでいる。しかし、カトリック信徒の中で、「日本人最初の司祭」が誰であるかを知る人はほとんどいない。「元和大殉教者」の一人、イエズス会司祭の木村セバスチャンこそ、その人である。

キリシタン時代、邦人司祭の総数は四十一人を数え（教区司祭12人、イエズス会23人、フランシスコ会1人、ドミニコ会3人、アウグスチノ会2人）、その数は決して多いと言えないが、現地人が指導者に登用されるのは、教会の世界宣教史上、極めて稀《まれ》な事例だった。「日本人は日本人の司祭によって導かれるべし」とした、イエズス会の巡察師アレッサンドロ・ヴァリニャーノの「順応政策」が花開いたものと言えよう。

木村セバスチャン神父は一五六五年頃、長崎の平戸に誕生している。木村家はザビエルの平戸滞在の時の宿主《やどぬし》[35]であり、キリシタン史上、弟レオナルド（画家）と共に二百五福者殉教者に名を連ねている。また、甥《おい》の木村アントニオ、籠手田《こてだ》マリアもこの家の人であった。

一五八〇年に創設された有馬セミナリヨの第一期生二十人の一人として、中浦ジュリアン、伊東マンショ、原マルチノらと席を並べているが、彼らと違ってイエズス会への入会は早くも一五八二年に実現し（このことが彼の司祭叙階を早めた）、臼杵《うすき》の修練院や都のレジデンスを転々として、一五八七年のバテレン追放令の際に一時平戸に留まった後、有馬領・島原半島の三会で、宣教師らの助手を務めたとの記録が残っている。

一五九〇年、「邦人司祭の養成が急務」というイエズス会管区協議会の決議により、マカオに創設された神学院の第一グループ（ポルトガル人2人、日本人3人）の一人として神学の勉強を始め、一六〇一年九月に同僚の「ルイスにあばら」と共に司祭叙階を受けている（もう一人の日本人、山田ジュリアンは叙階直前に病没）。

木村神父はその後、日本に戻り、禁教令の発令後、多くの宣教師がマカオとマニラに追放された際には、日本に残って潜伏しながら信徒の世話をする決意を表明した。

その後、筑後と長崎を巡りながら、一六二一年六月三十日に捕縛され、大村の鈴田牢に投獄。一六二二年九月十日に西坂で殉教を遂げ、その魂を天に帰した（享年57）。

残念ながら、木村セバスチャン神父について物語る史料はほとんど残っていない。「殉教を準備するための修練院のようであった」と言われた鈴田の牢に幽閉されていたときも、牢内の様子をマカオにいたジェロニモ・ロドリゲス神父に日本語の手紙で書き残したこと以外は、何も伝えられていない。

しかし、彼の最期の姿が若干の史料から復元されている。西坂の丘では二十五本の柱が立てられ、神父と修道士らが火炙りにされた。通常は、処刑者の苦しみを少なくするため、薪《まき》を足元で大量に燃やし、早く絶命させるのだが、この二十五人に対しては、わざと苦痛が長引くよう烈火が遠ざけられたり、水をかけて火の勢いが弱められたりしたと言う。処刑というよりは拷問に近く、それには指導者である修道者たちを「転ばせる」（棄教）目的があったものと考えられる。

文字通り火で炙られたその光景は、「元和大殉教図」ではっきりと確認できる。「殉教図」の左から五人目がイエズス会の指導的立場にあったカルロ・スピノラ神父、そして木村神父は九人目に描かれ、これが彼の唯一の肖像画と言えるものである。

火炙りになりながらも勇猛果敢に説教を続け、最初に絶命した「動」のスピノラ神父とは好対照に、「静」の木村神父は、「驚嘆するほど気丈な姿を示し、日本人の流儀に従って頭を下げ、火を拝むような姿で、腕を十字に組んだまま、三時間身動きせず、死ぬまでその姿勢をくずさなかった」（パジェス）。黙想の祈りを愛し続けた木村神父の生涯を、まるで映し出すような静かな最期だった。

キリシタン史研究の権威、故フーベルト・チースリク神父（イエズス会）は、木村神父のことを、「突出した剛腕リーダーというよりは、忠実な神のしもべ」として、二十年にわたり司牧に当たった、目立たぬ聖者として描写している。

その姿は、小倉を中心に歩き回った中浦ジュリアン神父と重なるものがある。

生涯を通じて祈りと黙想の時間を、どのような場面にあっても大切にした木村神父。祈りの時間を正確に計るため、いつも「砂時計」を持参していたという。この事実から、当時、宣教師らは「祈りの時間」を「砂時計」で計っていたことが分か

「元和大殉教図」

る。いつの日か、木村神父の肖像画が新たに描かれる際には、この人物を象徴するものとして「砂時計」を手にした姿をぜひ見たいと思っている。セバスチャン木村神父の生涯が示す、「静けさ」「堅固さ」のうちに見え隠れする謙遜な姿勢の模倣こそ、彼をしのぶ大きな意義となるはずである。

【注】

35 キリシタン宣教師に宿を提供した者の総称。とくに迫害時に生命をかけて宣教師に宿を貸した信徒たちのことを指す。そのほとんどはキリシタン組織の指導者であり、代表であった。聖具の保管、祈り、教理教育など、共同体を保持する重要な役目を担っていた。そのため身分が露見すると、多くが殉教した。

あとがき

本書は、二〇一八年から二〇二三年にかけて『カトリック新聞』に毎月一回連載した「カトリック時代エッセー」を一冊にまとめたものである。当初、八回ぐらいという依頼で連載を始めたが、いつしか五十回を超えていた。

「はじめに」でも触れた通り、その間、世界は急激に変化した。大きな喜びで迎えるはずの新しい時代が急転直下、一寸先の予想もつかない混沌の時代となった。本書を編集する際、共通したテーマを章立て、新たな構成を考えてもみたが、発表の順に示すことが何より重要だと感じた。そうすることで、時代の変化が間接的に読み取れるのではないかと考えたからである。中には、筆者の思い込みや知識不足など多くの弱点を抱える箇所も散見されたが、あえて発表当時の言葉を残すことを心掛けた。

本書の出版にあたって、筆者の持ち込みに快く応じてくださったサンパウロ総主事の徳田隆仁修道士、編集部主事の大山聖一修道士、そして難語・難句には注を加えてくださるなど、丁寧な仕事で協力してくださったサンパウロ編集担当の藤崎智之氏に心からお礼申し上げたい。本書が多くの方々の励ましの言葉に支えられた結果であることを、心から感謝申し上げたい。

二〇二四年一月二十五日

川村信三

本文中の聖書の引用は、フランシスコ会訳聖書に準拠しています。

著者紹介

川村 信三（かわむら しんぞう）

イエズス会司祭。上智大学文学部史学科教授。上智大学キリシタン文庫長。キリシタン文化研究会会長。日本カトリック司教協議会列聖推進委員会顧問。1958年生まれ。1983年、イエズス会入会。1992年、司祭叙階。1999年、米国ジョージタウン大学より歴史学の博士号（Ph.D.）取得。著書に『キリシタン信徒組織の誕生と変容』(教文館)、『戦国宗教社会＝思想史―キリシタン事例からの考察』(知泉書館)、『二十一世紀キリスト教読本』（教友社)、『時のしるしを読み解いて―現代キリスト者の課題』（ドン・ボスコ社)、『キリシタン大名高山右近とその時代』(教文館)、共著に『超領域交流史の試み』(SUP上智大学出版)、『キリスト教と寛容―中近世の日本とヨーロッパ』(慶應義塾大学出版会)、『ヨーロッパ中近世の兄弟会』(東京大学出版会）など多数。近年、東京大学の研究グループとの共同作業による、キリシタン時代の手書き書簡などの古文書を最新の科学技術を用いて多方面から調査・研究に従事。さらに、「日本・バチカンプロジェクト」(角川文化振興財団主催）の研究部門を統括。

信仰万華鏡《カレイドスコープ》
――カトリック時代エッセー――

著　者――川村　信三

発行所――サンパウロ

〒160-0011 東京都新宿区若葉 1-16-12
宣教推進部(版元) Tel. (03) 3359-0451　Fax. (03) 3351-9534
宣教企画編集部　Tel. (03) 3357-6498　Fax. (03) 3357-6408

印刷所――日本ハイコム㈱

2024 年 1 月 25 日　初版発行

ISBN978-4-8056-3924-5　C0016